Jesse Eisenberg
Fünf von fünf Sternen

Jesse Eisenberg

FÜNF VON FÜNF STERNEN

STORYS

Aus dem Amerikanischen von
Ingo Herzke

EICHBORN

Eichborn Verlag in der Bastei Lübbe AG

Titel der amerikanischen Originalausgabe:
»Bream gives me hiccups & other stories«

Textredaktion: Viola Krauß, Köln
Umschlaggestaltung: Christina Hucke, www.christinahucke.de
Satz: hanseatenSatz-bremen, Bremen
Gesetzt aus der DTL Documenta ST
Druck und Einband: CPI books GmbH, Leck – Germany

Printed in Germany
ISBN 978-3-8479-0611-7

5 4 3 2 1

Sie finden uns im Internet unter www.eichborn.de
Bitte beachten Sie auch www.luebbe.de

INHALT

I.

VON BRASSE KRIEGE ICH SCHLUCKAUF

RESTAURANTKRITIKEN EINES PRIVILEGIERTEN NEUNJÄHRIGEN

SUSHI NOZAWA

Gestern Abend ist Mom mit mir ins Sushi Nozawa gegangen, nicht weit von da, wo Matt wohnt. Bloß dass sie Matt nicht mitnehmen wollte und ich mitten in unserer Lieblingssendung gehen musste, weil Mom meinte, wir sind sonst zu spät dran für unsere Reservierung und ich hätte ja keine Ahnung, wem sie was blasen musste, um die zu bekommen.

Am Eingang von Sushi Nozawa sitzt eine fiese Frau. Als ich Mom fragte, wieso die Frau so sauer ist, hat Mom geantwortet, dass sie Japanerin ist und das mit ihrer Kultur zusammenhängt. Die Frau, die in der Schulmensa das Essen ausgibt, ist auch fies, aber die ist keine Japanerin. Vielleicht macht das Essenservieren die Leute so sauer.

Im Sushi Nozawa gibt es keine Speisekarten, deshalb ist es so fein, meinte Mom. Der Sushikoch ist sehr ernst, er steht hinter einem Tresen und serviert den Gästen, was er will. Er ist auch fies.

Als Erstes brachte man uns einen aufgerollten nassen Waschlappen, den ich gleich ausrollte und mir auf den Schoß legte, weil Mom immer sagt, dass man sich in einem feinen Restaurant als Erstes die Serviette auf den Schoß legen soll. Aber diese Serviette war heiß und nass, und es fühlte sich an, als hätte ich mir in die Hose gemacht. Mom wurde sauer und fragte mich, ob ich blöd sei.

Dann brachte uns die fiese Frau eine kleine Schale zermanschter roter Fische in brauner Soße und sagte, das sei Thunfisch, aber das war bestimmt gelogen, denn es schmeckte kein bisschen wie Thunfisch, und am liebsten hätte ich gleich am Tisch gekotzt. Aber Mom sagte, ich müsse das essen, denn Sushi Nozawa sei »berühmt für seinen Thunfisch«. Ich habe einen Jungen in der Klasse, der heißt Billy, aber alle nennen ihn insgeheim Brutalo-Billy, und er schmiert unserer Lehrerin Zahnpasta auf den Stuhl, bevor sie in die Klasse kommt. Der ist auch berühmt.

Mom hat gesagt, es gibt Eier, also habe ich zwei Eier bestellt, aber als die fiese Frau sie brachte, sahen sie gar nicht wie Eier aus; eher wie schmutzige Schwämme, und ich habe sie vor Moms Augen wieder ausgespuckt. Sie hat mit der flachen Hand auf den Tisch gehauen, dass die Teller klirrten, was mich so erschreckt hat, dass ich noch mehr Schwamm auf Moms Hände spuckte, und Mom schrie mich mit so einer komischen Flüsterstimme an, dass sie bloß mit mir in dieses Restaurant gegangen sei, damit Dad zahlen muss. Dann habe ich angefangen zu weinen, und so kleine Stückchen von dem ekligen Ei kamen mir mit dem Rotz aus der Nase. Dann hat Mom freundlich gelacht und mich in den Arm genommen und mir gesagt, ich solle leiser sein.

Dann hat die fiese Frau Mom und mir lauter kleine Teller gebracht mit noch mehr ekligen Fischen auf Reis. Ich habe Mom gebeten, die Fischteile runterzunehmen, damit ich den Reis essen kann. Mom meinte: »Toll, umso mehr für mich«, und hat meinen Fisch gegessen. Reis mag ich, weil Mom gesagt hat, der ist das japanische Brot, bloß ohne Rinde, und das ist gut für mich, weil ich die Rinde nämlich sowieso nicht esse. Außerdem höre ich es gern, wenn Mom »Toll, umso mehr für mich« sagt, weil das anscheinend ihr bestgelaunter Spruch ist.

Als die Frau uns die Rechnung brachte, hat Mom sie angelächelt und Danke schön gesagt, aber das war gelogen, weil Mom es nicht ausstehen kann, wenn man ihr die Rechnung bringt. Als Mom und Dad noch verheiratet waren, hat Mom immer so getan, als ob sie bezahlen wollte, und wenn Dad dann die Rechnung nahm, hat sie auch gelogen und so Sachen gesagt wie: »Wirklich? Bist du sicher? Okay, toll, danke, Schatz.« Jetzt, wo Dad nicht mehr mit uns isst, sollte ich vielleicht so tun, als würde ich Mom die Rechnung wegnehmen und irgendwas lügen, wie zum Beispiel: »Echt? Okay, danke, Mom«, aber ich lasse es lieber, weil Lügen was für Erwachsene sind, die ein trauriges Leben haben.

Die fiese Frau nahm die Rechnung wieder mit, ohne Danke zu sagen. Ich glaube, traurig ist sie nicht. Aber ganz bestimmt sauer. Ich verstehe, wieso die Menschen, die hier arbeiten, so sauer sind. Es ist ein bisschen wie die

Arbeit an der Tankstelle, nur dass man nicht Autos, sondern Leute vollmachen muss. Und die Leute essen langsam und reden am Tisch über ihr blödes Leben und bringen sich gegenseitig zum Lachen, aber wenn die Kellner kommen, hören sie auf zu lachen und werden ganz still, so als ob niemand sonst ihre tollen Witze hören soll. Und wenn die Kellner über ihr eigenes Leben reden, dann dürfen sie nie sagen, wie schlimm es ist, sondern nur, dass alles gut ist, so wie: »Mir geht's toll, und wie geht es Ihnen?« Und würden sie mal was Wahres sagen wie: »Mir geht es schrecklich, weil ich nämlich hier kellnern muss«, dann würden sie wahrscheinlich gefeuert, und dann ginge es ihnen noch schlechter. Darum ist es wahrscheinlich klüger, immer gut gelaunt über alles zu reden. Aber manchmal geht das einfach nicht. Darum gebe ich dem Sushi Nozawa 16 von 2000 Sternen.

MASGOUF

Gestern Abend ist Mom mit mir in ein neues Restaurant namens Masgouf gegangen. Mom hat gesagt, dass es ein irakisches Restaurant ist und wir hingehen müssen, weil wir keine Vorurteile haben und es unterstützen sollten. Aber ich fand es komisch, weil Matts Bruder mit der Armee im richtigen Irak ist und auf ihrem Auto UNTERSTÜTZT UNSERE TRUPPEN steht. Es kam mir also ein bisschen so vor, als ob wir das Restaurant unterstützten und nicht Matts Bruder.

Mom hat gesagt, dass alle Frauen aus ihrem Buchclub schon da waren, aber ich verstand gar nicht, warum wir deshalb auch dorthin mussten. Und ich weiß gar nicht, wieso Mom überhaupt in diesem Buchclub ist, weil sie sowieso keins von den Büchern liest, und abends vor den Buchclubtreffen bei uns zu Hause sagt sie ganz viel

»Scheiße« und bittet mich, auf Wikipedia nachzugucken. Während sie staubsaugt, muss ich ihr dann die Inhaltsangabe und die Beschreibung der wichtigsten Figuren vorlesen, aber das ist ganz schön schwer, weil der Staubsauger echt laut ist und ich ihr durchs ganze Haus hinterherlaufen und mit dem Computer in der Hand vorlesen muss.

Beim Reingehen fiel mir als Erstes eine komische Sache auf, nämlich, dass viele der Besucher große schwarze Masken trugen, sodass man bloß ihre Augen sehen konnte. Mom sagte irgendwie enttäuscht zu mir, sie hätte gehofft, dass mehr Leute da wären, die »wie wir aussehen«. Aber ich habe gesagt, wir wüssten doch gar nicht, wie die Leute aussehen, weil sie sich hinter ihren Masken verstecken. Da hat Mom mir den Ellbogen an den Hals gerammt, was sie immer macht, wenn ich etwas zu laut oder zu leise sage oder dabei lache.

Als Mom sich die Speisekarte ansah, sagte sie ganz leise vor sich hin: »Na klar, scheißtrocken, der Laden.« Ich weiß nicht genau, was sie damit meinte, aber ich glaube, es hat irgendwas mit Alkohol zu tun, denn wenn Mom eine Speisekarte aufschlägt, sucht sie jedes Mal gleich nach dem Alkohol und seufzt dann erleichtert.

Mom sagte, sie werde für uns beide bestellen und wir könnten es dann teilen, was sie immer sagt, wenn sie glaubt, das Essen sei nicht gut. Als die Frau zu uns kam, um die Bestellung aufzunehmen, sah Mom sie an, als ob sie obdachlos wäre, und fragte: »Und wo kommen Sie her?« Als die Frau »Irak« antwortete, fragte Mom weiter: »Ach, wie schön, und aus welcher Stadt?« Darauf sagte die Frau »Bagdad«, und Mom sagte »Ooochh«, als würde die

Frau weinen, dabei weinte die Frau gar nicht, sondern lächelte. Also sah ich zu ihr auf und lächelte ganz breit, um ihr zu zeigen, dass ich nicht immer auf Moms Seite war, aber als die Frau mein Lächeln sah, zog sie ein komisches Gesicht, so als ob ich mich über sie lustig machte, was ich gar nicht tat. Dann versetzte Mom mir unterm Tisch einen Tritt, und den Rest des Abends tat mein Schienbein weh, und ein bisschen auch noch am nächsten Morgen, also heute.

Als Erstes brachte die Frau uns einen komischen Berg Reis auf einem Teller und irgendwie suppig aussehende Aubergine in roter Soße. Ich merkte gleich, dass Mom davon ein bisschen übel wurde, aber sie lächelte die Frau an und sagte: »Wow. Traditionelle Küche! Mir läuft das Wasser im Mund zusammen!« Aber ich wusste, dass Mom log, denn als die Frau wieder wegging, nahm Mom einen kleinen Bissen, bloß so mit den Schneidezähnen, und dann wurden ihre Nasenlöcher ganz groß, als wollte sie gleich auf den Tisch kotzen. Dann sagte sie: »Süßer, ich glaube, das wird dir schmecken. Probier doch mal«, und da wusste ich gleich, dass sie es nicht gemocht hatte. Anschließend schüttete Mom die Aubergine über den Reis und schob das Ganze irgendwie auf dem Teller hin und her, damit es so aussah, als hätten wir davon gegessen.

Dann brachte die Frau uns das nächste Gericht, ein Hühner-Kebab mit Pommes frites. Die Pommes frites schmeckten genau wie Pommes frites, auch wenn kein Ketchup dabei war, und der Hühner-Kebab schmeckte genau wie normales Hühnchen. Als Mom und ich schmeckten, wie normal das Essen war, sahen wir uns erleichtert an, als ob wir Matts Bruder wären, der gerade aus dem Irak nach Hause gekommen war.

Auf dem Heimweg rief Mom alle Frauen aus dem Buchclub an, um ihnen zu erzählen, dass wir im Masgouf waren. Sie log sie die ganze Zeit an und erzählte, wie schön es sei, mal etwas Zeit allein mit mir zu verbringen, und wie interessant es sei, die ganzen irakischen Menschen mit ihren schwarzen Gesichtsmasken zu sehen, und dass sie während des ganzen lustigen und leckeren Essens nicht ein einziges Mal an Dads neue Freundin gedacht habe. Wenn Mom lügt, sagt sie nicht bloß Sachen, die sie nicht so meint, sondern genau das *Gegenteil* von den Sachen, die sie wirklich meint. Die meisten Kinder wären wahrscheinlich sauer auf ihre Mütter, wenn sie so viel lügen würden, aber irgendwie macht es mich bei meiner Mutter bloß traurig, und sie tut mir leid.

Als wir wieder zu Hause waren, las ich Mom die Inhaltsangabe von *Sturmhöhe* vor, während sie in Unterwäsche staubsaugte. Dann sagte Mom, dass sie irgendwie Bauchschmerzen habe, und ich fand, mein Bauch tat auch weh. Also gingen Mom und ich in verschiedene Badezimmer und blieben sehr lange dort drin. Darum gebe ich dem Masgouf 129 von 2000 Sternen.

DIE WHISKEY BLUE BAR IM W HOTEL

Gestern Abend ist Mom mit mir in eine Bar gegangen, die Whiskey Blue Bar heißt, und das klingt nach einem lustigen blauen Raum, aber in Wirklichkeit ist es ein düsterer und unheimlicher Raum, wo betrunkene Leute zu viel Schminke tragen und so tun, als wären sie fröhlich, indem sie laut reden.

Mom war da mit einem Typen verabredet, den sie ihren »Witwerfreund« nennt. »Witwer« heißt jemand, dessen Frau gestorben ist, und »Freund« heißt bei Mom ein Mann mit viel Geld, den sie zu heiraten versucht. Eigentlich komme ich nie mit, wenn Mom ein Date hat, aber Mom wollte, dass ich den Witwerfreund kennenlerne, damit sie ihm zeigen kann, was für eine gute Mutter sie seinen beiden Töchtern wäre, die ja keine Mutter mehr haben. Der Witwerfreund wusste nicht, dass ich mitkomme, als er Mom fragte, ob sie sich in der Whiskey Blue Bar treffen könnten, und weil ich noch nicht alt genug bin, in eine Bar zu gehen, hat Mom gesagt, wir müssten so tun, als ob wir im W Hotel wohnen. Ich habe Mom gesagt, dass ich die Hotelleute nicht anlügen will, aber Mom hat gemeint, in diesem Fall sei es in Ordnung, weil es eine Notlüge sei, also nehme ich an, ihr Witwerfreund ist ein echter Notfall.

Da Mom dem Mann ja zeigen wollte, wie gut sie mit Kindern umgehen kann, wusste ich, dass sie den ganzen Abend lang nett zu mir sein würde, und als er hereinkam, legte Mom den Arm um mich, was sich ganz komisch anfühlte, weil sie das sonst nie macht und weil mir noch nie aufgefallen war, wie kalt und knochig ihre Hände sind.

Als wir uns alle setzten, sagte der Mann: »Deinen Sohn hätte ich hier jetzt nicht erwartet.« Mom drückte mir wieder die Schulter und sagte: »Ich kann es einfach nicht ertragen, von dem Jungen getrennt zu sein. Ich liebe Kinder.« Ich wusste ja, dass Mom mit ihrer Kinderliebe lügen würde, ich hätte bloß erwartet, dass sie sich etwas Kreativeres einfallen lässt.

Die Kellnerin kam an unseren Tisch und kniete sich ganz komisch hin, so als ob sie uns ihre Brüste zeigen wollte. Sie trug einen kurzen schwarzen Rock und war richtig schön, außer von ganz nah. Sie fragte: »Was kann ich euch Gutes tun?«

Mom sagte, sie wolle einen Erdbeer-Mojito, und fragte ihren Witwerfreund mit so einer Art Kleinkindstimme: »Oder ist das total mädchenhaft?« Der Witwerfreund lächelte und wurde rot, sodass ich mir dachte, er wäre bestimmt lieber mit einem jungen Mädchen verabredet gewesen als mit einer alten Frau, die mit Kleinkindstimme spricht. Dann bestellte der Witwerfreund seinen Drink in ganz ernstem Ton, so als ob es furchtbar wichtig wäre, dass alle Einzelheiten stimmen: »Einen trockenen Tanqueray-Martini. Spritzer Zitrone. Gerührt. Den Gin nicht kaputtschütteln.« Die Kellnerin nickte sehr ernst, und auf einmal kam mir der Gedanke, wie seltsam es doch war, dass es einen Laden gab, in dem nur Drinks gemacht wurden. Da sie bloß eine Sache verkaufen, müssen sie die sehr ernst nehmen, und wahrscheinlich sagt ihnen nie jemand, dass ihr Job nicht wirklich wichtig ist.

Dann zeigte die Kellnerin mir ihre Brüste und fragte: »Und was kann ich dir bringen, kleiner Mann?« Mom bat die Kellnerin, mir einen Shirley Temple zu machen, den ich eigentlich nicht wollte, weil er nach einem toten kleinen Mädchen namens Shirley benannt ist, aber ich sagte nichts. Dann meinte Mom: »Mixen Sie ihn nicht zu stark, er muss heute fahren.« Da lachten die drei Erwachsenen, obwohl Moms Witz gelogen und nicht einmal lustig war.

Als die Drinks kamen, trank Mom ihren ein bisschen zu schnell aus und bestellte gleich noch einen. Der Mann nippte gemächlich an seinem Glas, was wohl hieß, dass er Mom nicht besonders mochte, und ich versuchte bloß, die Kirsche unten aus meinem Glas zu fischen, weil ich Hunger hatte.

Je mehr Mom trank, desto mehr wollte sie über die Frau des Witwers wissen. Ich merkte, dass er nicht über seine Frau reden wollte, weil er jedes Mal das Thema wechselte, aber Mom sagte ganz komische Sachen wie: »Hat Debbie es auch im Cedars-Sinai-Krankenhaus versucht? Da arbeitet nämlich meine Freundin Joyce, die ist eine hervorragende Endokrinologin.« Ich glaube, Mom wollte vor dem Mann bloß angeben, dass eine Freundin von ihr so eine wichtige Ärztin war, aber es kam mir ziemlich seltsam vor, so was zu sagen, weil seine Frau schon tot war. Der Mann wirkte ein bisschen überrascht, und ich glaube, er versuchte vielleicht auch, nicht zu weinen, und dann sagte er irgendwie ganz leise: »Im Cedars-Sinai sind wir nicht gewesen.«

Normalerweise wäre es Mom peinlich, so was Blödes zu sagen, aber weil sie getrunken hatte, merkte sie gar nicht, dass sie den Mann traurig gemacht hatte. Anstatt sich also zu entschuldigen, sagte sie noch: »Mit Joyce bin ich schon seit dem Studium befreundet. Sie ist genial. Und außerdem sehr belesen.« Der Mann nickte bloß.

Dann meinte Mom, sie müsse sich »frisch machen«, was bedeutet, dass sie groß aufs Klo musste, weil sie von Alkohol immer groß muss, und ließ mich mit dem Mann allein. Es war ein bisschen seltsam, mit ihm allein zu sein, weil er es gar nicht gut fand, glaube ich, dass ich bei seinem Date dabei war. Und dann musste ich dauernd an seine tote Frau denken und versuchte, bloß nichts über sie zu sagen, aber ich wurde so nervös, dass ich sagte: »Tut mir leid, dass Ihre Frau an Krebs gestorben ist.« Ich wusste, das war ganz und gar nicht gut, aber ich kriegte das einfach nicht aus dem Kopf, und manchmal passieren einem sogar beim Reden Unfälle. »Danke«, sagte er, und dann kam Mom zurück, und ich sah gleich, sie hatte groß gemacht, weil ihr Gesicht so entspannt aussah.

Mom setzte sich und sagte: »Bereit zur dritten Runde, Mister?«, was bedeutete, dass sie noch mehr Alkohol mit dem Mann trinken wollte, aber ich merkte, dass der Mann bloß nach Hause wollte. Ich wollte auch nach Hause, aber ich wusste, dass Mom noch bleiben wollte, also sagte ich nichts. Der Mann allerdings schaute auf die Uhr und sagte so was wie: »Ich würde ja gern noch bleiben, aber die Mädels sind wahrscheinlich wach und machen sich Sorgen wegen mir«, was wohl jeder normale Vater sagen würde, vor allem, weil seine Mädchen keine Mutter haben. Danach mochte ich den Witwerfreund gern.

Der Mann brachte uns zum Auto und nahm Mom in den Arm, wobei Mom ihn ziemlich lange festhielt, obwohl der Mann sich herauswinden wollte.

Auf dem Heimweg merkte ich, dass Mom mit dem Date sehr unzufrieden war und womöglich dachte, dass es auch ein bisschen meine Schuld war. Außerdem merkte ich, dass Mom betrunken war, weil sie auf dem Highway ständig über alle Linien fuhr und wir beinahe einen Unfall mit einem Mann gebaut hätten, der sein Fenster runterließ und Mom auf Spanisch anschrie. Darauf schrie Mom was Gemeines über Mexikaner, und ich fing an zu weinen, weil der Mann immer weiter schrie und mir Angst einjagte, obwohl ich kein Wort verstand. Manchmal machen einem die Sachen am meisten Angst, die man nicht versteht. Darum gebe ich der Whiskey Blue Bar 136 von 2000 Sternen.

TCBY

Gestern hat Mom mich ein Restaurant aussuchen lassen, und ich habe das TCBY ausgesucht, das ist die Abkürzung von *The Country's Best Yogurt*. Ich weiß, man soll eigentlich nicht angeben, und man darf auch nicht sagen, dass man den besten Joghurt des Landes hat, aber Mom sagt immer, wenn man sich etwas nur fest genug wünscht, dann kann man es auch kriegen. Und wenn die Leute von TCBY sich so fest den besten Joghurt wünschen, dass sie daraus sogar ihren Namen gemacht haben, dann machen sie den vielleicht auch.

Mom hat mir außerdem erlaubt, einen Freund mitzunehmen, und ich habe mir Matt ausgesucht, der jetzt lieber Matthew heißen möchte. Mom nennt Matthew immer meinen »kleinen Freund«, was mir komisch vorkommt, weil Matthew größer ist als ich. Er ist sogar größer als Mom, und ich glaube, sie mag ihn nicht, aber ich schätze, das liegt bloß daran, dass Matthew und ich richtig gut befreundet sind und Mom gar keine richtigen Freunde hat, und daran, dass Dad sie hasst und das auch bei zwei verschiedenen Gelegenheiten zu mir gesagt hat, bevor er ausgezogen ist.

Als ich fragte, ob wir Matthew auf dem Weg zum TCBY abholen könnten, hat Mom laut geseufzt und gesagt: »Es wäre für alle Beteiligten einfacher, wenn wir uns dort treffen.« Das fand ich ziemlich komisch, weil ja bloß Matthew und wir beteiligt waren und er auf dem Weg zum TCBY wohnt. Aber ich wollte nicht streiten, und Matthew ist mit dem Fahrrad gefahren und hat sich mit uns auf dem Parkplatz getroffen.

Als Mom und ich Matthew sahen, kam er auf uns zu gerannt und umarmte uns beide, was Matthew in letzter Zeit andauernd macht. Mir gefällt es, weil ich gern umarmt werde, aber Mom machte irgendwie einen Rückzieher, sie ist es nämlich nicht gewohnt, dass Leute sie anfassen, weil niemand sie anfasst.

Bei TCBY gibt es jede Menge unterschiedliche Sorten, deshalb glaube ich, dass sie sich wirklich sehr anstrengen, die Besten zu sein. Mom und Matthew sollten denken, dass ich mit TCBY eine gute Wahl getroffen hatte, darum sagte ich: »Wow, seht mal, wie viele Geschmacksrichtungen es hier gibt!« Darauf sagte Mom ironisch: »Mich dünkt, TCBY gelobt zu viel!« Matthew und ich guckten uns an und mussten das Lachen unterdrücken, weil das überhaupt keinen Sinn ergab, was Mom gesagt hatte.

Matthew bestellte einen Joghurt mit Bergblaubeeren. Er sagte, den habe er wegen der interessanten Farbe genommen, so ein helles Lila, was Matthew allerdings »Mauve« nannte. Das Wort »Mauve« hatte ich noch nie vorher gehört, und dass ich neue Wörter zu hören bekomme, ist einer der Gründe, warum ich Matthew so gern mag. Als ich ihn fragte, wieso er nicht die Sorte nimmt, die er am liebsten mag, meinte er, dass wahrscheinlich sowieso alle Sorten gleich schmecken, und darum bestelle man am besten etwas, das auch »hübsch anzuschauen« sei. Mom verdrehte zweimal die Augen: als Matthew »Mauve« sagte und als er »hübsch anzuschauen« sagte.

Die Frau hinter der Theke fragte Matthew, was er für Toppings haben will, und er antwortete Blaubeeren und Kirschen. Da fragte die Frau: »Du willst bloß zwei Früchte?«, und Mom sagte: »Genau! Zwei Früchte für die beiden süßen Früchtchen!«, und dann lachte sie so gackernd, dass alle ganz verlegen guckten. Als Mom endlich aufhörte mit Lachen, sagte sie: »Entschuldigt, ich konnte einfach nicht anders«, und wir wurden wieder ganz verlegen.

Dann fragte die Frau mich, was ich haben will, und ich beschloss, genau das Gleiche zu nehmen wie Matthew, weil er sich so interessante Gedanken zu seiner Bestellung gemacht hatte.

Mom bestellte einen Becher Belgische-Schokolade-Joghurt und fragte, ob der Kakao denn tatsächlich direkt aus Belgien importiert worden sei. Die Frau sagte, das wisse sie nicht, aber sie könne nachfragen. Mom sagte, sie solle sich keine Mühe machen, und bestellte einen Becher Belgien-Schoko, weil das »so dekadent« sei. Ich merkte schon daran, wie sie nach Belgien gefragt und »so dekadent« gesagt hatte, dass sie sich eigentlich über TCBY lustig machte, weil es ihr nicht fein genug war. Aber die Frau hinter der Theke kannte Moms Humor nicht und antwortete darum ganz ernst: »Das ist eine unserer klassischen Geschmacksrichtungen.« Und Mom entgegnete: »Oh ja, die klingt nach einem echten Klassiker.«

Als die Frau nach Toppings fragte, sagte Mom: »Ach je! Wo soll ich da bloß anfangen? Empfiehlt Ihr Sommelier denn die Butterkeks-Krümel?« Aber weil die Frau nicht merkte, dass Mom sich über das TCBY lustig machte, antwortete sie: »Butterkeks-Krümel sind sehr beliebt.« »Möchte ich wetten«, sagte Mom und lachte wieder.

Matthew und ich guckten uns heimlich an, weil wir es so seltsam fanden, dass zwei Menschen ein Gespräch führen können, obwohl die eine sich lustig macht und die andere es ganz ernst meint. Mir tat die Frau von TCBY leid, weil sie gar nicht wusste, dass Mom sich über sie lustig machte, was noch trauriger ist, als wenn jemand weiß, dass man sich über ihn lustig macht, weil man sich dann wenigstens wehren kann.

Nach ein paar Löffeln von dem eiskalten Bergblaubeer-Joghurt bekam ich Hirnfrost, und mein Kopf tat richtig weh. Mom meinte, Hirnfrost gebe es in Wirklichkeit gar nicht und dass ich aufhören solle zu jammern, aber Matthew sagte, ich solle mich entspannen und mit der Zunge am Gaumen lecken. Er zeigte mir, wie er mit der Zunge am Gaumen leckte, und dann bog er meinen Kopf nach hinten und sagte, ich solle den Mund aufmachen. Aber als ich den Kopf zurücklegte und den Mund aufmachte, regte Mom sich schrecklich auf und sagte: »Herrgott noch mal, ihr beiden, nehmt euch ein Zimmer!«

Mom aß ein paar Löffel von ihrem Joghurt mit jeder Menge Kekskrümeln drauf, aber ich sah gleich, dass sie ihn nicht mochte, womit ich irgendwie schon gerechnet hatte, weil sie ja alles so ironisch bestellt hatte. Zuerst tat Mom mir leid, weil sie etwas essen musste, was sie nicht mochte, aber dann wurde mir klar, dass Mom ja auch dasselbe wie Matthew und ich hätte bestellen können, was zugleich lecker und hübsch anzuschauen war. Stattdessen war sie absichtlich gemein gewesen und hatte darum etwas Widerliches gekriegt.

Irgendwie ist Matthew ganz ähnlich wie TCBY. Vor ein paar Wochen, kurz nachdem er seinen Namen von Matt nach Matthew geändert hatte, fing er an, mich seinen besten Freund zu nennen. Zuerst fand ich das komisch, weil ich ihn gar nicht als meinen besten Freund betrachtet hatte. Ich mochte Todd und Cara genauso gern wie Matthew. Aber je öfter Matthew mich als seinen besten Freund *bezeichnete*, umso mehr *fühlte* ich mich auch wie sein bester Freund und umso weniger mochte ich Todd und Cara. Also ist Matthew wohl ein bisschen wie TCBY, weil beide behaupten, irgendwo die Besten zu sein, noch bevor jemand anderes ihnen zustimmt. Ich weiß, das hört sich an, als wollten Matthew und TCBY umkehren, wie eine Beziehung eigentlich läuft, aber ich stelle mir gern vor, dass alles gleichzeitig passiert.

Mom ist das Gegenteil von Matthew und TCBY. Sie sagt nie, dass sie eine gute Mutter ist. Im Gegenteil, wenn sie übers Muttersein redet, macht sie sich immer selber schlecht: »Zur Mutter des Jahres würde man mich sicher nicht wählen« oder »Ich habe weiß Gott genug falsch gemacht«. Aber TCBY sagt, bei ihnen gibt es den besten Joghurt des Landes, und Matthew sagt, er ist mein bester Freund, und das zwingt sie irgendwie dazu, sich Mühe zu geben, wirklich die Besten zu werden. Mom dagegen sagt nie, dass sie die beste Mutter ist, darum fühlt sie auch keinen Druck, es zu werden. Vielleicht fühlt sie eher den Drang, bei der Wahl zur Mutter des Jahres zu *verlieren* oder *noch mehr* falsch zu machen.

Ich weiß nur, dass mir Bergblaubeer-Joghurt mit Blaubeeren und Kirschen richtig gut schmeckt und dass ich Matthew richtig gern mag. Und Mom ist sauer und von Dad geschieden und mag Belgischen-Schoko-Joghurt mit Butterkeks-Krümeln nicht, obwohl sie sich aus all den vielen Sorten genau diese ausgesucht hat.

Ich weiß, dass ich lieber mehr wie Matthew und TCBY wäre, denn wenn man sagt, dass man etwas gut kann, dann bemüht man sich mehr, und wenn man sagt, dass man schlecht darin ist, dann bemüht man sich, noch schlechter zu werden. Darum gebe ich TCBY 1954 von 2000 Sternen.

SCHULMENSA DER ROBERT-FROST-GRUNDSCHULE

Heute ist in der Schule was Komisches passiert, worauf die Erwachsenen echt stolz waren, was die Schüler aber dämlich fanden. Ich habe noch keine abschließende Meinung, aber ich glaube, sie liegt wahrscheinlich irgendwo dazwischen.

Unsere Schule wurde für ein neues Programm ausgewählt, das *Gesundes Essen, gesunde Wahl* heißt. Bei diesem Programm bereiten berühmte Köche Schulessen zu, das gesund sein und gleichzeitig gut schmecken soll. Ich weiß, das klingt nach Gegensätzen, aber die Schule möchte uns zeigen, dass das keine Gegensätze sein müssen.

Der Direktor setzte vor dem Essen eine Schulversammlung an und gratulierte uns, was ein bisschen komisch war, weil wir ja nichts weiter geleistet hatten, als zu der Schule zu gehen, die für *Gesundes Essen, gesunde Wahl* ausgesucht worden war. Der Direktor stand neben einem Koch, der richtig breit grinste, und Fotografen schossen Fotos, und sobald die Fotografen sich bewegten, drehte der Koch den Kopf, so dass er sie immer ansah.

Der Direktor sagte, wir seien Teil einer Lebensmittelrevolution und hätten so ein Glück, dass dieser berühmte Koch uns persönlich das erste neue Mittagessen kochen würde. Aber uns kam das gar nicht so vor, weil uns allen der Koch und der Direktor und sogar das Essen egal waren. Wir essen bloß, weil es auf dem Stundenplan steht.

Normalerweise wird in der Schule freitags so was wie Spaghetti mit Fleischklößen oder Fischstäbchen oder Pizza serviert. Aber das Zeug esse ich nie, weil normalerweise alles die gleiche komische Konsistenz hat, obwohl es ganz verschiedenes Essen ist, und weil es von einer fiesen Frau mit Haarnetz aufs Tablett gelegt wird, die mir Angst macht und mit offenem Mund Kaugummi kaut.

Ich esse jeden Tag das Gleiche: einen Schoko-Muffin mit Chocolate Chips, das heißt, der Teig ist mit Schokolade, und dann sind auch noch Schokostückchen drin. Ich weiß, man könnte denken, ein Muffin wäre keine ausreichende Mahlzeit, aber diese Muffins haben nicht die übliche Größe. Sie sind richtig groß und ganz weich, außer oben, wo sie so eine leckere Kruste haben, die man kauen kann wie Kaugummi, bloß, dass man sie runterschlucken darf.

Zu trinken hole ich mir immer einen Snapple-Eistee, was genauer gesagt ein Zitronen-Eistee ist, aber Zitrone ist der Grundgeschmack, darum sage ich immer bloß Snapple, und dann geben sie mir Zitrone. Ich esse und trinke jeden Tag das Gleiche, weil ich weniger nervös bin, wenn ich weiß, dass es das Essen gibt.

Manchmal, wenn Mom nicht schlafen kann, weil sie wegen ihrer ganzen Entscheidungen in Panik gerät, dann bleibt sie die ganze Nacht wach und packt mir ein Mittagessen ein, um sich von ihren schlimmen Gedanken abzulenken.

Aber Moms Mittagessen kann man eigentlich nicht essen. Einmal hat sie mir einen einzelnen Streifen Fruchtkaugummi eingepackt, dazu eine Packung Zahnstocher und eine Nachricht, dass ich länger in der Schule bleiben soll, weil eine Herrenbekanntschaft zu Besuch käme. Heute hat sie mir Butter, eine Schachtel ungekochte Käsemakkaroni und ein Streichholzbriefchen mitgegeben. Ich glaube, sie leert einfach nachts den Kühlschrank aus, nimmt alles, was sie nicht mehr haben will, und stopft es in den Mülleimer oder den Abfallzerkleinerer oder in meine Essenstüte.

Aber egal, heute gab es also Mittagessen von einem berühmten Koch, und das waren ein paar verschiedene Sachen, die ich mir alle aufgeschrieben habe, damit ich die Namen der Speisen nicht vergesse, ich hatte sie nämlich noch nie gesehen und möchte sie eigentlich auch nie wiedersehen, weil sie eklig waren.

Das erste Essen hieß »Rucola-Salat mit gerösteter Roter Bete«. Das war so eine Art Salat, aber statt Salatblättern und Tomaten waren es so bittere kleine Blätter, von denen wir alle am Tisch beinah kotzen mussten, und Rote Bete, das sind so dunkelrote Kugeln, die ein bisschen aussehen wie blutiger Stuhlgang, und wie ich gerade herausgefunden habe, kriegt man auch genau den von ihnen.

Der zweite Gang hieß »Pochierter Lachs mit Dill«. Der Lachs schmeckte, als ob man auf Papier herumkauen würde, und der Dill fühlte sich im Mund an wie das geschnittene Gras aus dem Auffangkorb eines Rasenmähers.

Und der Nachtisch war eigentlich gar kein richtiger Nachtisch. Das war ein komisches Zeug namens »Rote Grütze«, was im Grunde ein anderes Wort für warmen, suppigen Wackelpudding ist, der aussieht wie Erbrochenes von Rauke-und-Rote-Bete-Salat.

Während wir also das eklige Essen aßen, kam der Koch mit einem Fotografen an unseren Tisch. Er nahm uns in die Arme und lächelte fürs Foto und sagte blödes Zeug wie: »Vorsicht, Diabetes! Hier kommt ein Löffel Rote Grütze!« oder: »Ich glaube, da sehe ich einen Lachs stromaufwärts schwimmen, mit einer frischen Lieferung Omega-3-Fettsäuren! Nächster Halt Hirnentwicklung!« Er merkte noch nicht mal, wie sehr wir sein Essen hassten, und irgendwie hassten wir auch ihn, weil er uns den Tag verdorben hatte und womöglich auch das Schulmittagessen bis in alle Ewigkeit.

Selbst wenn das Essen gut gewesen wäre, was es nicht war, hätte die Schule uns nicht zwingen sollen, alles sofort zu essen. Sie hätten es Stück für Stück versuchen sollen, zum Beispiel ein klein bisschen von dem Dillzeug auf die Pizza streuen, wenn es unbedingt sein muss. Ich verstehe ja, dass sie was Gutes tun wollen, indem sie uns gesünder machen, aber mir kam es eher so vor, als wären sie so stolz darauf, diesen berühmten Koch dazuhaben, dass sie sich überhaupt keine Gedanken darum machten, was wir gern gemocht hätten.

So als ob wir das alles auch ganz toll finden würden, bloß, weil die Erwachsenen es tun. Aber Kinder denken nun mal anders als Erwachsene. Erwachsene denken nämlich schon so viele Jahre lang immer mehr wie alle anderen Erwachsenen, denn je länger man mit anderen Menschen zusammenlebt, desto weniger denkt man wie man selbst und desto mehr denkt man wie die anderen. Aber Kinder sind neue Menschen, wir denken also normaler. Darum gebe ich der Robert-Frost-Grundschule und *Gesundes Essen, gesunde Wahl* 256 von 2000 Sternen.

ORGANIX GEGEN DAS SAN-GENNARO-STRASSENFEST

Gestern Abend haben Mom und ich an zwei sehr unterschiedlichen Orten gegessen. Und obwohl die Orte so unterschiedlich waren, habe ich an beiden eine neue Sicht auf den jeweils anderen bekommen, weshalb ich jetzt über beide zusammen schreibe.

Als Erstes gingen wir ins Organix, das ist ein veganes Biorestaurant, was irgendwie so ist, als würde man zum Abendessen zum Arzt gehen. Auf dem Restaurantschild draußen steht unter dem Namen Organix der Spruch »Der Erde wachsen helfen«, was überhaupt keinen Sinn ergibt, weil die Erde ja nicht größer wird, und das habe ich schon vor langer Zeit gelernt, dabei bin ich erst neun.

Wenn man im Organix die Speisekarte kriegt, geben sie einem dazu noch eine kleine Broschüre mit dem Titel *Die Organix-Bibel*, die wahrscheinlich nach der echten Bibel benannt ist, also der Geschichte von Jesus Christus und Gott. Die Organix-Bibel hat bloß ein paar Seiten, und Mom hat zwar nur so getan, als würde sie die lesen, aber ich habe sie tatsächlich gelesen.

Die Organix-Bibel prahlte hauptsächlich damit, wie toll Organix war, mit Sätzen wie: »Bei Organix gleichen wir unseren sanften Fußabdruck in der wunderschönen Haut von Mutter Erde dadurch aus, dass wir sämtliche organischen Materialien kompostieren.« Da dachte ich mir, dass Recycling ganz bestimmt was Gutes ist, aber von »der wunderschönen Haut von Mutter Erde« zu schreiben, das kam mir irgendwie bescheuert vor, so als hätte ein sehr seltsames Kind das geschrieben.

Mom tat so, als wäre sie sehr zufrieden mit dem Essen, obwohl es bloß lauter ekliges rohes Gemüse war, und als ob sie normalerweise ständig so was isst. Als nämlich der Kellner fragte, ob alles in Ordnung sei, lächelte Mom und sagte: »Ja, das Dressing ist ganz toll, was ist das?« Worauf der Mann »Aloe« antwortete und Mom sagte: »Das habe ich mir gedacht! Das essen wir zu Hause auch immer.« Darauf sagte der Typ: »Ja, es beruhigt das Verdauungssystem ungemein, und es wärmt das Lumen.« Aber ich merkte, dass Mom keine Ahnung hatte, wovon er redete, sie antwortete nämlich: »Und ich glaube, ich habe neulich auch was von wegen Krebs gelesen.« Worauf der Typ bloß nickte, denn darauf konnte man irgendwie gar nicht richtig antworten.

Als der Mann uns fragte, ob wir Nachtisch wollen, log Mom: »Ich würde mir sehr gern noch mal die Speisekarte ansehen.« Der Mann sagte, für den Nachtisch gebe es gar keine Karte, aber: »Heute Abend gibt es Äpfel als Dessert.« Darüber mussten Mom und ich ein bisschen lachen, und Mom fragte: »Bloß Äpfel?« Der Mann erklärte uns, dass es besondere Äpfel seien, die vom anderen Ende des Landes kämen. Er war offensichtlich so stolz auf seine Äpfel, dass ich ein ganz schlechtes Gewissen wegen unserem Gelächter hatte, aber Mom anscheinend gar nicht, sie lachte nämlich weiter und sagte: »Dann bitte nur die Rechnung.« Ich glaube, mir tun Leute eher leid als Mom, das ist so ein Unterschied zwischen uns, der mir aufgefallen ist.

Als wir vor der Tür des Organix standen, sagte Mom als Erstes: »Jetzt bitte einen Hamburger!« Aber ich wusste gar nicht, mit wem sie redete, ich darf nämlich nicht allein Lebensmittel einkaufen.

Auf dem Rückweg zum Auto kamen wir am San-Gennaro-Straßenfest vorbei, und Mom sagte, das sei »eine Party, die von den Italienern jedes Jahr im Freien gefeiert wird, damit die Stadt hinterher ihren Dreck wegmachen darf«. Aber das Essen duftete so gut, vor allem nach dem Besuch im Organix, wo es roch wie in einem frisch geputzten Badezimmer. Als ich Mom fragte, ob wir uns von den Straßenständen nicht was zu essen holen könnten, antwortete sie, sämtliches Essen hier sei eklig. Ich sagte, das Essen im Organix sei auch eklig gewesen, und Mom stimmte zwar zu, aber das Essen im Organix würde uns wenigstens nicht umbringen im Gegensatz zum Essen auf dem San-Gennaro-Fest.

Ich bettelte bei Mom um Zeppolas, das sind in Fett gebackene Teigbälle mit Puderzucker drauf. Zeppolas schmecken richtig gut, wenn man sie isst, aber hinterher wird einem schlecht davon. Ich schätze, darum findet das Straßenfest auch nur einmal im Jahr statt.

Zu den Zeppolas sagte Mom zwar nein, aber sie meinte: »Ich glaube, zwei Cannoli haben wir uns verdient.« Ich fragte sie, wie wir uns die denn verdient hätten, und sie antwortete: »Indem ich Aloe zu mir genommen habe, dürfte ich mir ein Rindersteak und einen Geburtstagskuchen verdient haben.« Schon eigenartig, dass Mom findet, etwas zu essen, das man nicht mag, sei so ähnlich wie hart arbeiten.

Auf der Suche nach Cannoli kamen wir an vier Ständen vorbei, und alle hatten unterschiedliche Werbeschilder.

Am ersten Cannoli-Stand stand: DIE BESTEN CANNOLI DER STADT.

Am zweiten Cannoli-Stand stand: ÄLTESTES CANNOLI-REZEPT.

Am dritten Cannoli-Stand stand: DIE BESTEN CANNOLI DER WELT!!!

Der vierte Stand hatte überhaupt kein Schild. Bloß ein gläsernes Fenster, durch das man die Cannoli sehen konnte, die genauso aussahen wie alle anderen Cannoli.

Mom sagte ganz ernst und leise: »Okay, Mister. Welche sollen wir nehmen?«, so als wäre es ein wichtiger Test. Ich sagte, sie wären wahrscheinlich alle gleich und es sei egal, aber Mom meinte, wir müssten herausfinden, welches die besten sind.

Da man unmöglich testen konnte, welche wirklich die besten waren, mussten wir es anhand der Schilder erkennen. Darüber dachte ich sehr gründlich nach. Ich dachte mir, jedes Schild würde wahrscheinlich eine andere Art Mensch anlocken, und vielleicht könnte man tatsächlich etwas über die Menschen sagen, wenn man wüsste, welche Cannoli sie wählen. Jemand, der sehr auf New York steht, würde womöglich eine Rolle von dem Stand nehmen, der DIE BESTEN CANNOLI DER STADT verspricht, und wenn man alt ist oder Chefkoch, würde man vielleicht zum Stand mit dem ÄLTESTEN CANNOLI-REZEPT gehen.

Aber ich beschloss, dass ich am liebsten Cannoli von dem Stand ohne Schild kaufen würde, weil ich fand, der Stand versuchte gar nicht erst, mir irgendetwas weiszumachen, und das gefiel mir am besten. Und irgendwie missfiel mir am Organix das Gleiche, was mir auch an den Schildern missfiel: Je mehr sie behaupteten, die Tollsten zu sein und Mutter Erde zu helfen, desto weniger wollte ich es glauben.

Ich sagte: »Ich möchte eins von dem Stand ohne Schild haben«, aber Mom marschierte geradewegs zu dem Stand mit den WELTBESTEN!!! und holte uns zwei. Als ich sie fragte, wieso sie zu dem WELTBESTEN!!! Stand gegangen sei, sagte sie: »Das sind die weltbesten Cannoli! Das heißt, es kann keine besseren geben. Auf der ganzen Welt nicht! Denk mal drüber nach.«

Aber ich hatte schon drüber nachgedacht. Und ich glaube, Mom lag falsch. Bloß weil jemand etwas behauptet, muss es noch lange nicht wahr sein. Und ich glaube, je mehr jemand etwas behauptet, desto weniger ist es wahrscheinlich wahr. Darum gebe ich Organix 147 von 2000 Sternen und dem WELTBESTEN-CANNOLI!!!-Stand auf dem San-Gennaro-Straßenfest 162 von 2000 Sternen.

THANKSGIVING BEI VEGANERN

Gestern Abend sind Mom und ich zu einem Thanksgiving-Essen bei einer Veganerfamilie gegangen, was so ähnlich ist, als würde man zu Weihnachten in die Synagoge gehen. Mom sagte, Veganer sind »Leute, die keinerlei Fleisch oder Käse essen und sich nicht rasieren«, und weil Mom nicht gern kocht, meinte sie, wir müssten an Thanksgiving zu unseren Nachbarn gehen.

Früher war Thanksgiving mein allerliebster Feiertag, weil Mom und Dad und ich zu Dads Eltern fuhren und Dad und ich den Riesenhügel in Grandpas Garten runterrollten, während Grandma mit Mom kochte.

Aber als Dad Mom verließ, um eine andere Frau zu lieben, sagte Mom, ich dürfte nie wieder über Dads Eltern reden, was ich unfair fand, weil sie ja schließlich meine Großeltern sind und wir auch eine ganz eigene Beziehung haben.

Außerdem fand ich an Thanksgiving das Essen toll. Grandma briet einen Riesentruthahn mit Soße und Füllung, und alle machten eine Riesensache daraus, dass Grandpa ihn zerteilte, als besäße er eine besondere Fähigkeit, die wir anderen niemals erlernen konnten.

Aber unsere Nachbarn, die Veganer, essen keinen Truthahn und keine richtige Soße, und sie tun auch keine Marshmallows auf ihren Süßkartoffelbrei, weil Marshmallows, sagen sie, aus Pferdefüßen gemacht werden, was ich noch nicht wusste und was hoffentlich gelogen ist.

Nicht genug, dass sie keinen Truthahn essen – die Veganer hatten auch noch gerahmte Bilder von zwei Truthähnen auf dem Erntedanktisch stehen, und darunter standen die Namen der Vögel, nämlich »Mable« und »Todd«. Die Fotos von Truthähnen kamen mir seltsam vor, weil Truthähne eigentlich nicht fotografiert werden, und noch seltsamer fand ich, dass sie Namen trugen, weil Truthähne eigentlich keine Namen haben, schon gar nicht solche wie »Todd«, was sich eher nach einem Jungen anhört, der den Lehrer um mehr Hausaufgaben bittet.

Jede Schüssel mit Essen war mit kleinen Schildern in Truthahnform gekennzeichnet, und ich merkte mir die Namen der Sachen gut, damit ich sie bei zukünftigen Thanksgiving-Essen vermeiden kann. Die Hauptgerichte waren »Linsen-Pilz-Braten mit würziger Kartoffelfüllung« und »Gefüllter Ahorn-Tofu«, und die Beilagen hießen »Glutenfreie (!) geröstete Spinatstäbchen« und »Süßkartoffelbrei mit Austernpilzen und Kräutern« (und ohne Marshmallows).

Als ich die seltsamen Essensbezeichnungen las, vermisste ich auf einmal Dad, und ich glaube, Mom vermisste ihn auch, obwohl sie immer sagt, dass sie ihn hasst. Ich glaube, selbst wenn man jemanden hasst, kann man ihn an den Feiertagen leicht mal vermissen.

Bevor wir essen durften, mussten wir noch durchs Zimmer gehen und sagen, wofür wir dankbar waren. Bei meinen Großeltern haben wir das auch gemacht, aber eher so als Witz. Es war immer sehr lustig und ironisch, Grandpa sagte zum Beispiel: »Ich bin dankbar, dass Grandma den Truthahn nicht verbrennen lassen hat wie letztes Jahr«, und dann sagte Grandma zu Grandpa: »Ich bin dankbar, dass du keine Zähne mehr hast und nur noch Süßkartoffeln essen kannst.«

Aber die Veganer sagten ganz ernsthafte Sachen wie »die Familie« und »das Zusammensein«, und Mom verdrehte die Augen in meine Richtung, und ich machte das Gleiche, und dabei fühlte ich mich gut. Ich mag es, wenn Mom mit mir zusammen die Augen verdreht, weil das so ist, als hätte man ein stilles Geheimnis.

Die Veganermutter sagte, sie sei dankbar für ihr »aufgeklärtes Bewusstsein«, und dass es wichtig sei, »an diesem finsteren Feiertag Truthähne wie Todd und Mable im Herzen zu behalten«. Sie sagte, Truthähne seien »wunderschöne und weise Kreaturen, die Musik und Tanz lieben«, was mir seltsam vorkam und wahrscheinlich nicht stimmte. Aber dann beschrieb sie, wie Truthähne getötet werden, und davon bekam ich ein richtig schlechtes Gewissen, und außerdem wurde mir schlecht. Bevor die Truthähne getötet werden, steckt man sie nämlich in ganz enge Käfige, sagte sie, in denen sie sich nicht mal drehen können, und um sicherzugehen, dass sie sich nicht gegenseitig verletzen, schneidet man ihnen mit heißen Klingen die Schnäbel und Krallen ab, und dann werden sie bei lebendigem Leib gekocht, damit die Federn abgehen. Ich stellte mir mich selbst in einem engen Käfig vor, wo ich mich nicht umdrehen kann, und wie mir dann die Zehen abgeschnitten werden und ich lebendig gekocht werde. Wenn man sich selbst im Leben eines anderen vorstellt, nennt man das »Empathie«, und Mom sagt, davon habe ich zu viel.

Ich fand es eigenartig, dass die Veganermutter uns noch erklärte, wie Truthähne geschlachtet werden, obwohl wir gerade an einem Tisch mit Tofu saßen. Das kam mir so vor, als wollte sie mir das T-Shirt verkaufen, das ich schon anhatte.

Ich finde aber nicht, dass die Veganer so megaseltsam sind. Irgendwie ist es noch seltsamer, einen Vogel zu essen. Wir fänden es alle eklig, nach draußen zu gehen und einen Vogel zu töten und ihm den Kopf abzureißen und die Leiche dann mit Croutons und Sellerie vollzustopfen und in den Backofen zu stecken, aber aus irgendeinem Grund finden wir es ganz normal, in einen Supermarkt zu gehen, einen Truthahn zu kaufen und zu braten. Ich glaube, ich bin ein Heuchler, weil ich Truthahn esse, und ich weiß nicht recht, was ich davon halten soll.

Ich finde es richtig traurig, wie Tiere getötet werden. Aber es ist auch richtig traurig, dass ich früher Thanksgiving mit meinen Großeltern feiern konnte und es jetzt nicht mehr darf, weil Dad jemand anderen liebt. Ich schätze, es gibt jede Menge traurige Sachen auf der Welt, und manchmal macht es einen glücklich, mit den Menschen, die man liebt, Truthahn zu essen, und vielleicht würde es auch den Truthahn glücklich machen, wenn er wüsste, was später mit seinem Körper geschieht. Wahrscheinlich nicht, aber vielleicht doch.

Wenn der Truthahn Musik und Tanz tatsächlich gern gehabt hat, dann hätte es ihm vielleicht auch gefallen, dass ich mit Dad Grandpas Hügel runtergerollt bin und danach seinen Körper gegessen habe. Wahrscheinlich nicht, aber vielleicht doch. Vielleicht sind manche Dinge für mich im Augenblick auch einfach zu kompliziert, darum verstehe ich sie nicht. Wahrscheinlich nicht, aber vielleicht doch. Darum gebe ich dem veganen Thanksgiving 1000 von 2000 Sternen.

BEI MATTHEW ZU HAUSE

Gestern Abend habe ich bei Matthew zu Abend gegessen. Mom sagt immer, er lebt in »zerrütteten Verhältnissen«, weil Matthews Eltern geschieden sind. Als ich Mom fragte, ob wir auch in zerrütteten Verhältnissen lebten, weil sie doch von Dad geschieden ist, sagte sie nein. Als ich sie dann nach dem Unterschied fragte, sagte sie: »Wir haben wenigstens noch Geld, und diese Frau hat nichts als Wut und Unfruchtbarkeit.«

Ich glaube, Mom mag Matthews Mom nicht. Sie nennt sie »diese Schlampe mit der schlechten Nasen-OP«, aber ich nenne sie einfach Paula, weil ich sie einmal »Miss Fisher« genannt habe, worauf sie sagte: »Nenn mich einfach Paula.«

Außerdem glaube ich, dass Mom Matthew genauso wenig mag. Sie macht immer so komische Witze wie: »In ein paar Jahren könnt ihr beide endlich anständige Männer aus euch machen.« Das fand ich sehr seltsam, weil Matthew und ich fast immer anständig und ehrlich sind, während Mom immer lügt. Jedes Mal, wenn wir einen von ihren Freunden treffen, soll ich mir eine lange Liste von Sachen merken, zum Beispiel: »Carol denkt, dass ich einen Bruder habe, der in Cleveland im Krankenhaus liegt«, oder: »Denise weiß nichts von der Scheidung, sie glaubt, Dad ist tot, spiel einfach mit.«

Mom hat allerdings Recht damit, dass Matthew und Paula kein Geld haben. Sie wohnen nicht mal in einem richtigen Haus, sondern in so einem komischen kleinen Gebäude, das mit anderen komischen kleinen Gebäuden verbunden ist. Matthew nennt es ein »Reihenhaus«, aber Mom nennt es »das Ghetto«. Als ich Mom fragte, was ein Ghetto ist, sagte sie mir, ich solle Esmeralda fragen, die donnerstags unser Haus saubermacht.

Und sie haben nicht mal ein Auto. Mom sagt, Paula fährt auf der »Mitleidsschiene« zur Arbeit und biete im Gegenzug »Handarbeit« an. Als ich sie fragte, was sie mit »Handarbeit« meint, meinte sie, ich solle Esmeralda fragen.

Vor dem Abendessen sagte Paula: »Jetzt wascht euch erst mal die Pfoten, Jungs«, und Matthew knurrte wie ein Löwe, und dann lachten sie beide. Ich wollte sie fragen, was sie da redeten, aber es war mir peinlich.

Paula hatte ein richtig leckeres Abendessen gemacht, obwohl Mom es bloß ein »Zwischending« genannt hätte. Zwischending heißt, dass es kein besonders feines Essen ist, aber auch nicht richtig billig. Mom meint, wir sollten keine

Zwischendinge essen. Wenn ich mit Mom esse, ist es entweder was Feines, wenn wir zum Beispiel in ein schickes Restaurant gehen, oder etwas richtig Billiges, wenn Mom mir zum Beispiel eine Dose Bohnen in Tomatensoße aus der Speisekammer vorsetzt und als Nachtisch ein Pfefferminzbonbon aus ihrer Handtasche. Mom sagt, wegen der billigen Mahlzeiten können wir uns die feinen öfter leisten, und Zwischendinge sind reine Verschwendung.

Aber Paulas Essen war ein Zwischending und trotzdem echt lecker. Als Salat hat sie so einen normalen Salat angerichtet, aber dann interessante Früchte hineingemischt, Mandarinenstücke und Cranberrys. Der war tatsächlich richtig gut, und Paula meinte, eine Schüssel von diesem Salat decke unseren Tagesbedarf an Obst und Gemüse. Das hörte sich sehr clever an, brachte mich allerdings auch auf den Gedanken, dass ich wohl normalerweise nicht genug Obst und Gemüse esse, und mir war überhaupt nicht klar gewesen, dass ich das sollte und dass es einen Tagesbedarf gibt.

Als Hauptgericht hatte Paula eine Quiche gebacken, was so eine Art ernsthafte Version der Pastete ist. Da waren Spinat und Eier und Käse drauf, und sie schmeckte so gut, dass ich um Nachschlag bat, was ich mir nicht angewöhnen sollte, meint Mom. Der Teigboden der Quiche war so schön weich und zerging mir auf der Zunge, und die Ränder waren knusprig wie Kekse, und Käse und Spinat verschmolzen mit dem luftigen Eierschaum. Ich weiß, das klingt jetzt echt eigenartig, aber mir schmeckte die Quiche besser als eine richtige Pastete, obwohl es doch eigentlich umgekehrt sein sollte.

Als ich Paula sagte, wie gut mir die Quiche schmeckte, sagte sie mit so einer Piratenstimme: »Holla, Freundchen, du weißt aber, wie man den Frauenzimmern schmeichelt!«

Ich hatte keine Ahnung, wovon sie redete, also sagte ich bloß: »Keine Sorge. Ich halte dich nicht für ein Frauenzimmer.«

Daraufhin guckten Paula und Matthew sich verwundert an und lachten (über mich, glaube ich).

Ein paar Minuten später verschüttete Matthew ein bisschen Brause auf dem Tisch, und Paula sagte mit ihrer Piratenstimme: »Potztausend! Jetzt wanderst du in den Bau, Bursche.«

Darauf antwortete Matthew ebenfalls mit Piratenstimme: »Argh! Grad wo mich der Hunger am ärgsten peinigt!«

Und dann sagte Paula mit einer anderen Piratenstimme: »Hol einen verfluchten Lappen von der Spüle und wisch die vermaledeite Brause weg, beim Klabautermann!«

Dann sagte Matthew wieder was mit Piratenstimme, und sie redeten beide mit Piratenstimme und lachten.

Ich dachte, ich sollte vielleicht auch mit Piratenstimme reden, aber die hatte ich nicht geübt, darum hatte ich Angst, dass es sich vielleicht ganz falsch anhört. Außerdem wusste ich nicht, ob sie über die Piratenstimmen lachten, und ich befürchtete, wenn ich bloß die Stimme machte, aber nicht die richtigen Piratensätze sagte, würden sie mich für blöd halten.

Und das Komischste an der Sache war: Matthew war zwar mein bester Freund, ich hatte ihn aber noch nie mit Piratenstimme reden hören. Manchmal tut er in der

Schule so, als sei er eine reiche Dame aus den Südstaaten, und das ist total witzig. Er wedelt sich mit der Hand vor dem Gesicht herum, als wäre sie so ein altmodischer Fächer, und sagt: »Der edle Herr hat mich gesehen, noch bevor ich mein Gesicht auflegen konnte, du meine Güte! Mir wird ganz blümerant!«

Aber wenn Matthew mit Piratenstimme mit Paula sprach, kam ich mir jedes Mal vor wie das »dritte Rad am Wagen« – den Ausdruck habe ich kürzlich erst von Mom gelernt. Nachdem Dad Mom verlassen hatte, wollte Mom nicht mehr mit ihren verheirateten Freunden essen gehen, weil sie sich dabei fühlte wie »das dritte Rad am Wagen«, sagte sie. Als ich sie fragte, was das bedeuten sollte, erklärte sie mir, ein drittes Rad am Wagen sei »jemand, der von niemandem geliebt wird«. Ich merkte, dass Mom sich sehr schlecht fühlte, weil sie das dritte Rad war, also holte ich am nächsten Morgen, als sie noch schlief, mein Dreirad aus der Garage und schleppte es rauf in ihr Schlafzimmer. Ich malte ein kleines Schild, auf dem stand DU BIST EIN DRITTES RAD, ABER ICH HAB DICH LIEB, das klebte ich auf den Sitz vom Dreirad. Als Mom aufwachte, rief sie mich ins Schlafzimmer und weinte, und dann nahm sie mich in den Arm und sagte, ich sei »sehr süß«, aber ich sollte »das Dreirad sofort aus dem Schlafzimmer schaffen, weil es Dreck reinträgt«.

So was macht Mom immer. Sie sagt mir was Nettes, und gleich danach schimpft sie mich aus. Als könnte sie nicht einfach »Du bist sehr süß« sagen. Nein, sie muss sagen: »Du bist sehr süß, aber schaff das Dreirad aus meinem Zimmer.« Und obwohl es mich eigentlich verletzen müsste, wenn ich ausgeschimpft werde, gefällt es mir doch auch, weil das so ein Muster ist, das Mom und ich haben, und das gehört nur uns. Ich glaube, das ist so ähnlich wie mit den Piratenstimmen. Jede Beziehung hat irgendein Muster, schätze ich, und vielleicht ist das Muster wichtiger als der Kram, aus dem das Muster besteht. So wie die Piratenstimmen wichtiger sind als die Piratensätze.

Und ich glaube, selbst ein so schrecklicher Mensch wie Mom kann trotzdem noch etwas Besonderes sein für die Menschen, die sie gut kennen. Paula zum Beispiel ist ganz normal und schimpft nicht mit mir und schreit mich nicht an, aber sie ist eben nicht meine Mutter. Und manchmal ist es wichtiger, einen Menschen richtig gut zu kennen, als ihn zu mögen. Darum gebe ich Matthews Zuhause 219 von 2000 Sternen.

FUDDRUCKERS UND EIN UNZUVERLÄSSIGER NEUER FREUND

Gestern waren Matthew und ich bei Fuddruckers, das ist ein Restaurant, das sich wie ein Schimpfwort anhört, aber in Wirklichkeit verkaufen sie bloß eklige Hamburger, die man sich selbst zusammenstellen muss.

Wir waren dort mit einem Typ namens Lyle verabredet, den Matthew im Internet kennengelernt hat. Lyle hat Matthew gesagt, er wolle sich um drei Uhr im Fuddruckers mit ihm treffen, aber Matthew bestand darauf, ein paar Minuten früher da zu sein, »nur aus Höflichkeit«. Und Lyle hatte geschrieben, wir sollten allein kommen, ohne unsere Eltern, was mir ganz recht war, weil Mom mich in letzter Zeit ermuntert, mehr Erfahrungen zu sammeln, die »sie nicht mit einbeziehen«. Matthew jedoch musste seine Mutter anlügen, also erzählte er ihr, dass wir wegen eines Physikprojekts länger in der Schule bleiben müssten.

Kaum war die Schule vorbei, packte Matthew mich am Arm, und wir schlichen uns durch den Hintereingang raus, vorbei an den Bussen und gingen zu Fuß zu Fuddruckers. Auf dem Weg hörte Matthew überhaupt nicht auf, über seinen neuen Freund Lyle zu reden. Sie haben sich im Internet kennengelernt, weil sie beide Fans der Band Serial 17 sind, was nicht mal eine richtige Band ist. Serial 17 sind bloß vier männliche Teenager, die singen, aber keine Instrumente spielen, und Mom hat mir beigebracht, solche Bands sollte man nicht Bands nennen, weil »sie nur existieren, um den Puls von dicken Mädchen und Pädophilen in die Höhe zu treiben«.

Lyle ist jedenfalls der Vorsitzende des Serial-17-Fanclubs und hat angefangen, mit Matthew zu mailen, nachdem der ein Foto von sich auf einem Konzert gepostet hatte. Matthew sagte dauernd, Lyle sei »so witzig« und »so erwachsen«, und dass er sämtliche Texte von sämtlichen Serial-17-Songs kennt. Ich hätte am liebsten gesagt: »Das ist ja nicht schwer. Ihre Songs klingen alle haargenau gleich«, aber ich wollte Matthew nicht verletzen, darum sagte ich bloß: »Cool.«

Matthew hatte Lyle noch nie persönlich getroffen, und ich freute mich, dass er mich zu ihrem ersten Treffen mitnahm, war aber auch ein bisschen genervt davon, wie gern er ihn anscheinend hatte. Ich weiß, das klingt wahrscheinlich etwas seltsam, aber je mehr Matthew über Lyle redete, desto weniger konnte ich Lyle ausstehen.

Ich wusste, wieso Matthew ihn so gern mochte. Jemanden im Internet zu mögen, fällt einem leicht. Wenn man jemanden persönlich kennt, dann sieht man auch seine komischen Seiten. Matthew zum Beispiel knackt immer mit den Fingern, und das nervt irgendwie. Wenn Lyle wüsste, dass Matthew mit den Fingern knackt, würde er ihn vielleicht nicht mehr so gern mögen, aber ich weiß es, und ich mag ihn trotzdem, und das heißt, dass unsere Freundschaft echt ist.

Wir kamen um Punkt drei Uhr bei Fuddruckers an, und ich merkte, dass Matthew sich ein bisschen ärgerte, weil ich so langsam ging, er sagte nämlich: »Du scheinst ja nicht so in Form zu sein.« Wir guckten uns um, aber es saß kein Junge allein am Tisch, also besetzten Matthew und ich einen Tisch am Fenster und warteten auf Lyle. Ich merkte, dass Matthew nervös war, darum fragte ich: »Möchtest du, dass ich uns Burger mache?«, weil man sich bei Fuddruckers seine Burger selbst zusammenstellen muss. Aber Matthew schaute mich ganz grimmig an und meinte böse: »Wie würde das wohl auf Lyle wirken?«

Ich überlegte noch, wie das auf Lyle wirken würde, als wir Polizeisirenen hörten. Ich sah nach draußen, wo vier Streifenwagen mit quietschenden Reifen auf den Parkplatz rasten. Matthew duckte sich unter den Tisch und sagte: »Meine Mom hat rausgefunden, dass ich nicht in der Schule bin!«

Aber dann sah ich, wieso die Polizei da war: Sie rangen einen Mann zu Boden, mit dem Gesicht nach unten, und legten ihm Handschellen an. Es war total seltsam, im richtigen Leben eine Verhaftung zu sehen. Im Fernsehen wehren sich die Verhafteten immer und schreien die Polizisten an, aber dieser Mann lag einfach nur ruhig auf dem Boden. Fast als hätte er darauf *gewartet*, verhaftet zu werden.

Matthew fing an, mit den Fingern zu knacken, und aus irgendeinem Grund beruhigte mich das.

Aber dann passierte das Seltsamste überhaupt. Der Mann stand auf, die Hände in Handschellen, drehte sich zu Matthew und mir um, sah uns durchs Fenster und *lächelte uns direkt an*. Wir kriegten beide gleichzeitig einen Anfall. Der Typ war so gruselig! Er hatte eine ausgeleierte Jogginghose an und ein Sweatshirt, und auf beiden waren so feuchte Flecken, als hätte er sie schon sehr lange an oder immer vorm Fernseher darin gegessen.

Ich flüsterte Matthew zu: »Lass uns nie wieder hierher kommen!« Und Matthew flüsterte zurück: »Ich kann es kaum abwarten, Lyle davon zu erzählen!«

Nachdem der Mann weggeschafft worden war, holten Matthew und ich uns Burger und warteten auf Lyle, der aber nicht auftauchte. Ich war ehrlich gesagt erleichtert, doch ich wollte nicht, dass Matthew enttäuscht war, darum sagte ich: »Wahrscheinlich hat er bloß zu viel mit irgendwelchem Serial-17-Kram zu tun.«

»Ja, stimmt«, meinte Matthew, »er ist ja Vorsitzender vom Fanclub. Habe ich dir das schon erzählt?«

»Ja! Schon ungefähr eine Million Mal«, hätte ich am liebsten gesagt, aber stattdessen sagte ich bloß: »Cool.«

Matthew schaute auf die Uhr und sagte: »Wenn er in der nächsten Viertelstunde nicht kommt, können wir gehen.« Also warteten wir noch, aber ich hatte so eine Ahnung, dass Lyle nicht mehr kommen würde.

Und es war eigentlich auch ganz nett, einfach so mit Matthew dazusitzen. Mir ging auf, dass wir das schon eine ganze Weile nicht mehr gemacht hatten, und ich kam zu dem Schluss, dass es ganz egal war, ob Matthew Lyle gern hatte. Selbst wenn man im Internet der beste Freund von jemandem ist, kann man nicht einfach nur still mit demjenigen beisammensitzen. Und manchmal mag ich Matthew am liebsten, wenn wir einfach nur still beisammensitzen. Matthew knackt dann mit den Fingern, und davon wird mir zwar übel, aber es gibt mir auch das Gefühl, wirklich und echt zu sein.

Darum gebe ich Fuddruckers 1062 von 2000 Sternen und Lyle 97 von 2000 Sternen.

FLUSSKREBS-EINTOPF BEI DADS NEUER FAMILIE

Letzte Woche habe ich Dad und seine neue Familie in New Orleans, in Louisiana, besucht. Dad sagt, die Stadt New Orleans beweist, »dass arme Leute glücklicher sind als reiche Leute«. Und solange ich da war, haben wir jeden Tag genau das Gleiche zu Mittag gegessen: Flusskrebs-Eintopf.

Das geht so, dass man eine Menge seltsamer Viecher, die wie eine Kreuzung aus Garnelen und Spinnen aussehen, in einen Riesentopf mit kochendem Wasser und Knoblauch und Kartoffeln und Maiskolben schüttet, dann die toten Krebse wieder rausholt, ihnen den Kopf abreißt, die Schwänze abschält und das Innere aufisst. Meistens macht man es im Freien. Und es dauert echt lange, bis man ein kleines bisschen zähes Fleisch gegessen hat.

Und irgendwie finde ich, dieser Flusskrebs-Eintopf ist ein wenig wie Dads neues Leben in New Orleans: Er arbeitet richtig schwer und kriegt nicht viel dafür.

Folgendes ist mit Dad passiert:

Als er Mom und mich verlassen hat, ist er nach New Orleans gezogen, um »sich selbst zu finden«. Ich wusste nicht genau, was das bedeuten sollte, aber Mom meinte, er wollte in Wirklichkeit bloß eine »schärfere und dümmere Frau finden, die ihm das Geld aus der Tasche zieht und ihn im Gegenzug glauben lässt, dass er noch attraktiv ist«.

Aber Dads neue Freundin Izzy ist gar nicht dumm und ganz bestimmt nicht hübscher als Mom: Sie hat kurze Haare und komische Zähne und trägt Männerklamotten, also schmutzige Stiefel und zerrissene Jeans. Und sie leitet ein großes Unternehmen, das Häuser für arme Menschen baut, die ihr Heim beim Hurrikan verloren haben. Als Dad nach New Orleans gezogen ist, baute er als freiwilliger Helfer für Izzys Unternehmen Häuser, und dann hat er sich in Izzy verliebt, was mir gar nicht so leicht scheint wegen ihrer Haare und Zähne und Kleidung, aber wahrscheinlich war es immer noch leichter, als Mom zu lieben, die ihn ständig ausgeschimpft hat. Jetzt leiten Dad und Izzy das Unternehmen gemeinsam und kümmern sich um Izzys Sohn Edgar, der fünf Jahre alt und kein guter Mensch ist.

Und Izzy mag Dad bestimmt nicht wegen seinem Geld, sie wohnen nämlich wie Obdachlose, wenn Obdachlose ein Haus haben und trotzdem noch obdachlos heißen dürften. Ihr Haus ist richtig hässlich und klein und vergammelt, und der Garten ist total verwildert und voll mit kaputten Blumentöpfen. Ich fand es interessant, dass sie so leben und gleichzeitig dafür arbeiten, die Häuser anderer Menschen wieder aufzubauen. Es kommt einem beinahe so vor, als wollten sie sich selbst dafür bestrafen, dass sie ihr Haus nicht im Hurrikan verloren haben.

Und es war ganz komisch, Dad in seinem neuen Leben zu sehen. Er sah älter und gleichzeitig jünger aus. Er trug einen Vollbart und war braun gebrannt und faltig, aber er wirkte auch ruhiger, und sein Körper hatte anscheinend mehr Energie. Ich glaube, ich habe ihn außerdem noch nie lächeln sehen, aber das war fast ein bisschen unheimlich, weil sein vertrautes Gesicht so etwas Ungewohntes machte. Und als er mich umarmte, fühlte ich mich auch ein wenig seltsam, so als ob mich ein Fremder umarmte. Er drückte mich ganz fest und hielt mich lange im Arm, aber nicht so, als ob er es ehrlich meinte, sondern eher, als ob er ausgleichen wollte, dass er mich im ganzen letzten Jahr nicht ein einziges Mal besucht oder umarmt hat. Ich versuchte, ihm auf den Rücken zu klopfen, weil ich dachte, dann hört die Umarmung auf, aber stattdessen klopfte er mir auch auf den Rücken. Und dann drückten wir uns gegenseitig und klopften uns gegenseitig auf den Rücken, bloß dass ich es machte, um die Umarmung zu beenden, und Dad, um die Umarmung zu verlängern.

Dad meinte, Izzy sei unterwegs, um ein Haus für arme Leute zu bauen, aber zum Mittagessen wäre sie wieder da, und dann gebe es Flusskrebs-Eintopf (Überraschung!) im Garten. Auf einmal kam Izzys Sohn Edgar durchs Haus gerast wie ein Hund, den man gerade aus dem Käfig gelassen hat. Er war fünf Jahre alt, benahm sich aber viel jünger:

Er war sehr dreckig, vermied jeden Blickkontakt und hatte immer trockenen Rotz an der Nase hängen, den er manchmal ableckte, indem er die Zunge nach oben streckte und dranzukommen versuchte. Davon wurde mir echt übel.

Ich dachte, ich würde vielleicht eifersüchtig auf Edgar sein, weil Dad sich jetzt um ihn kümmerte und nicht mehr um mich, aber als ich Dad mit Edgar sah, hatte ich bloß Mitleid mit Edgar. Dad tat so, als wäre Edgar überhaupt nicht da. Er ließ ihn einfach im Haus herumrennen und gegen Sachen stoßen, und er stellte ihn mir nicht mal vor. Und dann fiel mir allmählich ein, dass Dad sich früher mir gegenüber genauso benommen hatte, bloß war mir das nie aufgefallen, weil er ja mein Vater und ich daran gewöhnt war. Ich glaube, manchmal sieht man leichter, wie Menschen sich verhalten, wenn man selbst nicht betroffen ist.

Als Izzy nach Hause kam, wollte Dad sie umarmen, aber sie sagte bloß: »Ich bin saudreckig« und ging geradewegs ins Bad. Als wir hörten, wie sie das Wasser aufdrehte, drehte Dad sich zu mir um, lächelte ein bisschen verlegen und sagte: »Das ist Izzy.«

Die drei Krebsessen liefen genau gleich ab: Izzy und Dad redeten über die armen Leute, deren Häuser sie wieder aufbauten, und wie schlimm und traurig der Hurrikan war, während Edgar um uns herumrannte und die toten Krebse in den Händen hielt wie Monster, die uns angreifen wollten. Dad und Izzy ignorierten Edgar einfach, was womöglich der Grund dafür war, dass er keinerlei soziale Fähigkeiten besaß, aber mich ignorierten sie auch, weshalb ich mich schlicht ausgeschlossen fühlte.

Dad fragte mich überhaupt nicht nach meinem Leben oder der Schule und ganz bestimmt nicht nach Mom. Bloß wenn er wieder etwas Trauriges über den Hurrikan erzählt hatte – wie viele Leute ertrunken waren oder dass die Regierung Schwarze nicht leiden konnte, weil sie rassistisch war –, fragte er mich ab und zu: »Ist das zu fassen?«

Ich fand das eigenartig, denn einerseits wollte ich wütend auf Dad sein, weil er gar nicht nach mir fragte, aber ich hatte auch ein schlechtes Gewissen, dass ich wütend auf ihn war, weil er mich deshalb ignorierte, weil er von traurigen Sachen erzählen wollte. Ich glaube, ich spürte auch, dass er etwas Gutes tut, wenn er diese Häuser aufbaut, aber ich fand es irgendwie komisch, dass er so viel Mitgefühl für diese Fremden in New Orleans aufbrachte und so wenig für mich, seinen Sohn.

Und dann dachte ich an Mom, die irgendwie das Gegenteil von Dad ist. Sie denkt den ganzen Tag bloß an sich und hilft keinem Armen, und wenn wir auf der Straße an einem Obdachlosen vorbeikommen, hält sie sich die Nase zu, als würde ihr schlecht werden, wenn sie ihn riechen müsste. Nicht mal zu mir ist sie besonders nett, aber wenigstens behandelt sie mich, als ob ich tatsächlich existiere.

Ich schätze, wenn ich ein Obdachloser aus New Orleans wäre, hätte ich Dad lieber als Mom. Aber ich bin bloß ein Junge aus der Vorstadt, und dafür kann ich auch nichts.

Und darum gebe ich dem Flusskrebs-Eintopf und Dad und Izzy und Edgar 213 von 2000 Sternen.

NATURKUNDEMUSEUM

Gestern haben wir einen Schulausflug ins Naturkundemuseum gemacht, wo man was über die Geschichte der Erde lernen soll, aber in Wirklichkeit bloß Dinosaurierskelette anguckt und zu Mittag isst. Und das Komische daran: Es ist eigentlich echt traurig, Dinosaurierskelette anzugucken, denn nicht bloß *diese* Dinosaurier sind tot, sondern *alle*. Es war ein bisschen wie ein Friedhofsbesuch, bloß dass niemand begraben war. Die Knochen befanden sich nämlich über der Erde und waren zusammengesetzt, so als wollten sie immer noch lebendig sein.

Doch anstatt wegen der Dinosaurier traurig zu sein oder wenigstens still, wie es sich bei einer Beerdigung gehört, waren alle Kinder albern und machten Witze. Und obwohl die Dinosaurier gruselig aussahen und mich wahrscheinlich gefressen hätten, wenn sie noch am Leben gewesen wären, taten sie mir irgendwann leid.

Die Frau, die im Museum arbeitet, erklärte uns, dass es drei verschiedene Arten von Dinosauriern gab: Manche waren Karnivoren, was bedeutet, dass sie andere Dinosaurier gefressen haben, manche waren Herbivoren, das heißt, sie waren netter und haben sich nicht gegenseitig gefressen, und manche waren Omnivoren, was bedeutet, dass sie alles gefressen haben. Billy, ein Junge aus meiner Klasse, ist auch ein Omnivore, weil er buchstäblich alles isst, wenn man ihn auf die Probe stellt. Letzte Woche hat er eine vollständige Packung Kaugummi gegessen, inklusive Verpackung, und dann hat er sich übergeben und konnte nicht zum Sportunterricht.

Die Dinosaurier waren auch sehr fies zueinander. Sie haben immer miteinander gekämpft, mit Maul und Zähnen und Klauen. Der Tyrannosaurus Rex war der fieseste von allen. Er sah am fiesesten aus, und sein Name klang am fiesesten, und er hat alle anderen Saurier gefressen. Der netteste war der Apatosaurus, weil er zwar richtig riesig war, aber nur einen winzig kleinen Kopf hatte und die anderen Dinosaurier nicht fraß. Ich dachte mir, als Apatosaurus muss es bestimmt schrecklich gewesen sein, weil er doch bloß nett sein wollte, als Dinosaurier aber sicher sehr unter Druck stand, fies zu sein.

Die Schulkinder wollten alle Bilder von sich vor den Saurierskeletten machen und lachten und zogen blöde Grimassen, als wollten sie die Dinosaurier nachahmen. Ich stellte mir vor, wie die Saurier zum Leben erwachten und sahen, was die Kinder da vor ihren toten Knochen veranstalteten, und plötzlich wurde ich an ihrer Stelle wütend.

Ich fragte die Frau vom Museum, ob ich aufs Klo dürfte, und sie sagte, das sei in Ordnung, und ich sollte im Museumscafé wieder zur Gruppe stoßen. Normalerweise müssen wir immer mit einem Kumpel zusammen aufs Klo gehen, aber ich hatte nicht das Gefühl, einen Kumpel zu haben, also ging ich allein und wartete in der Kabine bis zur Mittagszeit.

Im Museumscafé bestellten alle Chicken Nuggets in Sauriergestalt, die waren genau wie normale Chicken Nuggets, bloß eben zu Saurierkörpern geformt. Ich fand das komisch, saurierförmiges Hühnerfleisch zu essen, weil die Saurier tot waren und es mir so vorkam, als würden wir uns über sie lustig machen, indem wir ihre Körper in witzigen Formen aßen. Also holte ich mir bloß ein Sandwich mit Erdnussbutter und Gelee, worauf Billy mich Homo nannte, was schwul bedeutet. Ich wollte ihm sagen, dass er selber ein Homo ist, weil er einen Saurierkörper isst, aber ich wollte das Wort Homo nicht sagen, weil es sich so fies anhört, also guckte ich bloß auf mein Sandwich, und mir verging irgendwie der Appetit. Ich glaube, wenn Billy ein Saurier wäre, dann wäre er ein Tyrannosaurus Rex, und ich wäre ein Apatosaurus und würde versuchen, ihm nicht wehzutun, aber ich würde mich auch nicht rumschubsen lassen, der Apatosaurus ist nämlich viel größer als der Tyrannosaurus Rex.

Auf der Busfahrt nach Hause schickten sich alle per Handy ihre Bilder zu, auf denen sie alberne Sachen vor den Dinosauriern machten. Mark Schwartz ließ es so aussehen, als würde er einem Stegosaurus in der Nase bohren, indem er sich dicht vor die Kamera stellte und den Finger hochhielt. Madison Greenwood tat so, als würde sie mit einem Bein von einem Triceratops tanzen. Sogar Matthew hatte ein Foto gemacht, wie er unter einem Pterodaktylus stand und die Arme ausstreckte wie ein Vogel. Ich fand das komisch, weil Matthew sich normalerweise besser benimmt. Manchmal macht er auch schlimme Sachen, um dazuzugehören, aber das liegt wohl daran, dass er noch nicht genau weiß, was für ein Saurier er sein will.

Alle lachten gemeinsam über die Fotos, und ich fühlte mich langsam ein bisschen einsam, so als gehörte ich nicht zur Gruppe oder als ob alle über einen Witz lachten, den ich nicht hören konnte. Und dann dachte ich, ich hätte vielleicht doch Chicken Nuggets in Saurierform essen und mich vor einem Saurier fotografieren sollen, wie ich irgendwas Bescheuertes mache. Dabei wäre mir ein paar Minuten lang unwohl gewesen, aber danach hätte ich zu meinen Klassenkameraden gehört. Oder ich hätte vielleicht einen Klokumpel gehabt. Oder ich hätte mich vielleicht erst gar nicht in der Klokabine verstecken müssen.

Ich schätze, so ähnlich ist es auch für die Dinosaurier gewesen. Wahrscheinlich wollten sie gar nicht immer so böse sein, und bestimmt wollten sie sich wahrscheinlich nicht gegenseitig fressen, aber wenn man zu einer Gruppe dazugehören will, muss man manchmal eben Kompromisse machen. In dieser Hinsicht unterscheiden wir uns vielleicht gar nicht so sehr von den Dinosauriern. Obwohl wir denken, dass wir besser und klüger sind, weil wir Klamotten tragen und Englisch sprechen, versuchen wir vielleicht alle bloß dazuzugehören, auch wenn wir dafür manchmal Sachen machen müssen, bei denen wir uns unwohl fühlen. Darum gebe ich dem Naturkundemuseum 1109 von 2000 Sternen.

DER ASHRAM UND MOM

Übers Wochenende hat Mom mich mit in einen Ashram genommen, dort gehen gestresste Leute hin, wenn sie reich sind. Wir sollten eigentlich das ganze Wochenende dort bleiben, haben uns dann aber mitten in der ersten Nacht rausgeschlichen, was sich zwar schlimm anhört, aber gleichzeitig das Lustigste war, was Mom und ich je zusammen gemacht haben.

Als wir im Ashram ankamen, wusste ich gleich, dass wir wohl nicht das ganze Wochenende durchhalten würden. Am Eingang hing ein Schild, auf dem stand: LASS AB VON DEINER EITELKEIT, LÖSE DICH VON DEINEM BESITZ, LERNE NEU ZU LEBEN. Ich wusste, Mom würde keins von den drei Dingen wollen. Wir hatten den ganzen Vormittag damit zugebracht, sexy Yoga-Outfits für Mom zu kaufen, die sie im Ashram tragen wollte, und sie hatte ganz bestimmt nicht vor, sich von denen zu lösen oder davon abzulassen.

Ich weiß auch gar nicht, wieso Mom überhaupt in den Ashram wollte. Sie hat andauernd gesagt, dass sie ein bisschen »Ich-Zeit« brauche, was an sich schon komisch klingt und erst recht, weil Mom jeden Tag eine ganze Menge »Ich-Zeit« hat, weil sie nämlich nicht arbeiten geht und jeden Abend Alkohol trinkt, um einzuschlafen.

Aber Mom setzte ein falsches Lächeln auf, was inzwischen ihr einziges Lächeln ist, griff unseren Koffer und sagte: »Weck mich, wenn es vorbei ist.«

Der Ashram bestand aus mehreren Gebäuden, die ein bisschen wie altmodische Blockhäuser aussahen und um ein großes Schwimmbad herumgebaut waren. Vorn gab es eine Art Empfangsgebäude, und als Mom und ich eintraten, saß hinter dem Tresen eine Frau mit Rastalocken als Haaren, obwohl sie weiß war. Ich merkte, dass Mom ihr Hassgesicht vor der Frau zu verbergen suchte, besonders, als die Frau sagte: »*Namaste* und willkommen beim ersten Schritt zu innerer Harmonie. Unser spiritueller Gründer Satchidananda hat einmal bemerkt: ›Der Wahrheit ist eine, doch der Wege sind viele.‹ Trotzdem sind wir vom *Wellness Magazine* zwei Jahre nacheinander zum besten Ashram in der Northern-Lakes-Region gewählt worden. Willkommen, *Namaste*.«

Schon da spürte ich, dass Mom am liebsten gleich wieder fliehen wollte, als ihr dämmerte, dass sie in eine Art Gefängnis geraten war, aber sie lächelte weiterhin ihr falsches Lächeln und sagte: »*Namaste*, vielen Dank, wir wollen einchecken.«

Die weiße Frau mit den Rastalocken erklärte uns den Ashram und die Regeln, an die wir uns halten sollten, und die klangen alle nach Sachen, die Mom nicht ausstehen kann. Jeden Morgen sollten wir um 5:45 Uhr aufstehen und zum *Satsang* kommen, was so eine Art Treffen mit den anderen Gästen des Ashrams ist. Mom fragte, ob sie nicht bloß mich zu diesem Treffen schicken könnte, damit ich mir Notizen mache und ihr dann berichte, aber die Frau sagte, der *Satsang* sei verbindlich, und dieses Wort hasst Mom.

Außerdem sagte die Frau, wir dürften unsere Handys nicht benutzen und müssten all unseren »materiellen Besitz« in ein »Vertrauensschließfach« legen, was so kleine Schubladenfächer waren. Mom meinte, »Vertrauensschließfach« sei ein Oxymoron, wie zum Beispiel »glücklich verheiratet«. Dann lachte sie falsch, und die Frau und ich starrten einander an und wollten einfach nur, dass sie sofort damit aufhört.

»Und was ist«, fragte Mom die Frau dann, »wenn jemand unsere Sachen aus dem Vertrauensschließfach stiehlt?« Worauf die Frau antwortete: »Dann seid ihr um einen Besitz freier.« Mom nickte und sagte: »Dann behalte ich die Sachen lieber bei mir, glaube ich.« Und die weiße Frau mit den Rastalocken sagte: »Es tut mir leid, dass ihr noch so gebunden seid.«

Unser Zimmer war im hinteren Teil des Ashrams, gleich neben dem großen Pool. Beim Schwimmen, erklärte uns die Frau, sei »Kleidung optional«. Offenbar hatten alle am Pool die Option »nackt« gewählt, und Mom und ich sahen ihre Weichteile, als sie um das Becken herumsaßen und ganz entspannt miteinander redeten, als wären sie gar nicht nackt.

Es war ehrlich gesagt eklig, diese ganzen Männer und Frauen mit ihren komischen Penissen und schlabberigen Brüsten zu sehen. Normalerweise hätte ich es lustig gefunden, vor meinem Fenster lauter nackte Leute im Schwimmbad zu sehen, aber irgendwie kam es mir hier bloß sehr seltsam vor, so als ob man jemanden auf der Toilette überrascht.

Irgendwann schafften Mom und ich es endlich in unser Zimmer und machten die Tür hinter uns zu. Mom starrte mich ganz durchdringend an, so als hätten wir gerade einen Krieg überstanden. Ich wollte ihr sagen, dass wir wieder wegfahren sollten, dass es hier unheimlich und eigenartig war, und dass sie auch zu Hause »Ich-Zeit« haben könnte, wenn sie wollte, und dass ich schwören würde, sie das ganze Wochenende nicht zu stören oder um irgendwas zu bitten, wenn sie mich nur nach Hause brachte.

Aber Mom setzte bloß ihr falsches Lächeln auf und sagte: »In einer Stunde ist Yoga. Und dann Abendessen.« Dann ging sie ins Bad und machte die Tür hinter sich zu.

Yoga fand im Freien statt, gleich neben dem Penis-Pool. Alle versammelten sich ganz ernst auf indisch aussehenden Matten, die überall ausgebreitet lagen. Die Matten waren feucht von Schweiß und rochen wie nasser Hund, und wir mussten die Schuhe ausziehen, was mir irgendwie eklig vorkam.

Mom hatte ganz enge graue Leggings an und darüber ein knappes rosa Hemd, das ihren Bauch nicht ganz bedeckte. Ich glaube, sie wollte mit dem kurzen Hemd sexy aussehen, aber ihr Bauchspeck guckte unten raus, und darum sah sie dicker aus, als sie eigentlich ist, sie ist nämlich gar nicht so dick.

Ein Mann mit langem Bart, der wie ein Obdachloser aussah, war unser Yogalehrer. Er hatte eine orange Hose an und statt einem Hemd bloß Halsbänder. Zuerst hielt er uns einen Vortrag, dass wir uns heute hier versammelt hätten, um uns nach innen auszurichten und zu lernen, uns wie Babys zu bewegen, worüber ich lachen musste, weil ich mir vorstellte, wie alle auf den verschwitzten Bettvorlegern herumkrabbelten wie Säuglinge. Dann sagte er uns, wir sollten an die wahren Dinge in unserem Leben denken und unseren materiellen Besitz vergessen. Wir sollten uns auf die wichtigen Beziehungen in unserem Leben konzentrieren und darauf, dass wir alle mit der Energie und miteinander verbunden sind.

Dann mussten wir uns nach vorn beugen und komische Stellungen einnehmen, und anscheinend wussten alle genau, was sie tun, sogar Mom. Und während sich alle mit geschlossenen Augen vorbeugten, stand ich auf und sah mich um und merkte plötzlich, dass ich in der Gruppe das einzige Kind war.

Und dann kam mir der Gedanke, dass Mom mich vielleicht gar nicht mitnehmen wollte; von den anderen Leuten hatte niemand Kinder dabei. Vielleicht hatte Mom mich nur mitgenommen, weil Dad und sie bei der Scheidung abgemacht hatten, dass Dad für alle Aktivitäten zahlt, die Mom mit mir zusammen unternimmt. Vielleicht nahm sie mich deshalb mit in feine Restaurants und auf Urlaubsreisen und in den Ashram. Ich versuchte, mir diesen Gedanken aus dem Kopf zu schlagen, weil er nichts Gutes anrichtete, aber er verschwand nicht. Der obdachlose Yogalehrer wollte, dass wir uns auf unsere Beziehungen konzentrierten, aber meine Hauptbeziehung war die zu Mom, und ich machte mir langsam Sorgen, dass sie gar nicht echt war.

Nach dem Yoga mussten wir uns im größten Blockhaus zum Abendessen versammeln. Alle schwitzten noch und rochen nach Schweiß und hatten Schweiß an den Füßen, aber ich war froh, dass Yoga vorbei war, und hatte richtig Hunger.

Trotzdem blieb mir das ganze Abendessen über das komische Gefühl im Kopf, dass Mom mich womöglich bloß mitgenommen hatte, damit Dad es ihr bezahlt. Ich sagte dem Gedanken ständig, dass er weggehen soll, aber aus irgendeinem Grund bleiben schlimme Gedanken immer länger da als gute.

Und das Essen war so eklig. Es war alles vegetarisch, was mir normalerweise nichts ausmacht, aber es war die schlechte Sorte vegetarisches Essen, wo überall so viele Gewürze draufgetan werden, damit man vergisst, dass es kein Fleisch ist.

Die Gabel war aus einer Möhre geschnitzt, und nach dem Essen mussten wir die Gabel aufessen, damit nichts verschwendet wurde. Und die Schüssel war aus Seetang, was so schmeckt, als ob man aus Versehen schmutziges Meerwasser schluckt. Vielleicht essen Fische ja gern Seetang, weil es unter Wasser nicht viel Auswahl gibt, aber für Menschen gibt es bessere Dinge, wie zum Beispiel Waffeln oder Weintrauben. Meine schlechten Gedanken lenkten mich allerdings so ab, dass ich mich gar nicht darauf konzentrieren konnte, wie schlecht das Essen war.

Nach dem Essen gingen Mom und ich zu unserer Hütte zurück, aber wir redeten nicht viel. Ich glaube, wir hatten beide ein bisschen Heimweh, und ich wollte Mom nicht wegen meiner Befürchtung fragen. Ich glaube, ich hatte Angst, dass es stimmen könnte, und selbst wenn sie mich anlog, dass sie mich nur überall mit hinnahm, weil sie mich liebte, würde ich wahrscheinlich merken, dass sie lügt. Mom lügt andauernd, und meistens merkt man es ganz leicht, weil sie es übertreibt.

Als wir zurück in unserem Zimmer waren, sagte Mom: »Toller Tag, oder?« Das war gelogen. Beinahe hätte ich angefangen zu weinen, weil ich von ihr wenigstens so was hören wollte wie: »Das Yoga war seltsam. Die indische Matte war verschwitzt. Der Penis-Pool ist widerlich. Und das Essen war eklig.« Ich wollte, dass sie wenigstens eine Wahrheit sagte, aber aus irgendeinem Grund musste sie lügen. Und eigentlich wollte ich sagen: »Nein! Es war ein schrecklicher Tag. Ich finde es furchtbar hier.« Aber aus irgendeinem Grund hatte auch ich das Gefühl, ich müsste lügen. Ich weiß nicht warum. Ich glaubte wohl, wenn ich irgendwas Wahres sagte, würde ich sofort anfangen zu weinen. Also sagte ich bloß: »Ja, ich finde es super hier.«

Und dann sagten wir den ganzen Abend nichts mehr zueinander und legten uns einfach schlafen, was mir schwerfiel, weil ich die schlimmen Gedanken nicht aus dem Kopf kriegte. Nachts kann man richtig Angst kriegen, wenn man sich über irgendwas Sorgen macht. Am Tag lenken einen alle möglichen Sachen ab, die Leute und das Tageslicht, aber wenn man sich nachts Sorgen macht, kommen einem die Sorgen vor wie das Einzige, was es auf der Welt gibt.

Und ich machte mir außerdem Sorgen darüber, dass womöglich mein ganzes Leben nur vorgetäuscht war. Wenn Mom nämlich meine wichtigste Beziehung darstellte und die nicht echt war, was hatte ich denn dann noch Echtes? Ich bin mit Matthew befreundet, aber das fühlt sich manchmal auch nicht echt an. Und Dad habe ich gemocht, aber der ist zur Täuschung geworden und weggezogen. Manchmal befürchte ich, dass ich in Wirklichkeit nur noch mich selbst habe, und das kann einem echt Angst einjagen.

Irgendwann muss ich dann aber doch eingeschlafen sein, denn woran ich mich als Nächstes erinnere, das ist echt komisch: Eine laute Glocke fing an zu bimmeln, und als ich die Augen aufschlug, stand Mom hellwach über mein Bett gebeugt da. Ihr Haar war schweißnass vor Stress und Aufregung, und ihr Blick war ein bisschen irre. Sie sagte: »Es ist 5:45 Uhr. Wir können entweder zu dieser Morgenversammlung gehen und den ganzen Tag Yoga machen und Möhrengabeln essen, oder wir können hier ganz schnell den Abflug machen. Du entscheidest.«

Ich musste gar nichts sagen. Ich nickte nur sehr erleichtert. Und Mom lächelte ebenfalls sehr erleichtert. Dann stopften wir unsere ganzen Sachen in den Koffer und schossen aus dem Zimmer.

Wir rannten um den Penis-Pool, über die verschwitzten Bettvorleger, vorbei an den Vertrauensschließfächern und schließlich auf den Parkplatz. Wir sprangen ins Auto, und als Mom den Motor anließ, kam die weiße Frau mit den Rastalocken aus dem Willkommensgebäude gerannt und rief uns hinterher: »Ihr wollt doch nicht etwa den *Satsang* versäumen?«

Meine Mutter ließ ihr Fenster herunter und rief zurück: »Und wie wir das wollen!«

Darauf antwortete die Frau: »Wir sehen mit Bedauern, dass ihr spirituell nicht genügend im Gleichgewicht seid, das ganze Wochenende durchzuhalten.«

Worauf Mom antwortete: »Verpiss dich!« Dann fuhr sie vom Parkplatz.

Obwohl Mom ein Schimpfwort benutzt hatte, musste ich lachen, was für mich sehr ungewöhnlich ist, denn wenn Mom flucht, habe ich sonst immer das Gefühl, eine Schwester und keine Mutter zu haben. Aber aus irgendeinem Grund kriegte ich mich jetzt überhaupt nicht mehr ein. Vielleicht weil es noch so früh war oder vielleicht weil ich so froh war, den Ashram zu verlassen, jedenfalls lachte ich, bis mir die Wangen wehtaten.

Als wir nach Hause fuhren, ging langsam die Sonne auf, und ich starrte Mom an, die zum ersten Mal, seit Dad uns verlassen hatte, glücklich schien. Sie öffnete das Fenster und ließ sich vom Fahrtwind die feuchten Haare nach hinten wehen, was sie normalerweise nie tut, weil sie frische Luft nicht leiden kann.

Da fing ich wieder an zu lachen, weil mir plötzlich einfiel, dass Mom vor sehr langer Zeit auch mal ein Kind gewesen ist wie ich. Ich hatte nie daran gedacht, dass Mom vor mir schon ein eigenes Leben hatte, und vielleicht war sie als Kind glücklich gewesen, vielleicht auch traurig, aber wahrscheinlich hätte sie nie gedacht, dass sie eines Tages mal so wütend sein würde.

Mom fragte mich: »Worüber lachst du denn?«

Und ich sagte die Wahrheit: »Ich habe an dich als Kind gedacht.«

Und da fing Mom an zu lächeln. Und beinahe hätte ich ihr Lächeln nicht als solches erkannt, weil es ein echtes Lächeln war. Dabei sah ihr Gesicht ganz anders aus – die Augen wurden kleiner und die Wangen blähten sich ein wenig auf. Und obwohl sie älter wirkte als bei ihrem falschen Lächeln, sah sie doch viel besser aus.

Dann sagte sie: »Ich war ehrlich gesagt ein richtig hübsches Mädchen.«

Und sie hatte Tränen in den Augen, obwohl sie lächelte.

Und dann hatte auch ich Tränen in den Augen, obwohl ich lächelte.

Und ich wollte sie fragen, ob sie mich nur deswegen mitnahm, weil Dad dann für sie bezahlte, aber ich wusste die Antwort schon: Mom nahm mich mit, weil sie mich brauchte.

Weil es nämlich besser ist, ein schweres Leben mit jemandem zusammen durchzustehen, als ein leichtes Leben allein.

Darum gebe ich dem Ashram 27 von 2000 Sternen und Mom 1892 von 2000 Sternen.

II.
FAMILIE

MEINE KLEINE SCHWESTER SIMST MIR IHRE PROBLEME

MEINE SCHWESTER: Hey, bist du wach?
ICH: Es ist vier Uhr morgens.
MEINE SCHWESTER: Klar.
ICH: Alles okay?
MEINE SCHWESTER: Nein!
ICH: Warum nicht?
MEINE SCHWESTER: Micah benimmt sich total arschig.
ICH: Hat er dir wehgetan?
MEINE SCHWESTER: Was? Nein. Er ist bloß ein Arsch.
ICH: Ah. Können wir dann morgen früh darüber reden?
MEINE SCHWESTER: KANNST DU MAL AUFHÖREN MIR VORWÜRFE ZU MACHEN?
ICH: Ich mache dir keine Vorwürfe. Also, was ist passiert?

Meine Schwester: Wir wollten heute eigentlich zu Hause bleiben, weil wir mittwochs immer chillen, aber er hat Jarred eingeladen, das ist so ein Kiffer, aber auch ein ziemlicher Ego, und die beiden haben den ganzen Abend bloß blöde Witze gemacht und ich kam mir vor wie unsichtbar.

Ich: Soll ich mit ihm reden?

Meine Schwester: Mit wem?

Ich: Micah.

Meine Schwester: Was? Nein! Wieso denn?

Ich: Ihm sagen, dass er gefälligst netter sein soll oder so?

Meine Schwester: WAS??

Ich: Keine Ahnung. Ist er bei dir?

Meine Schwester: Klar. Er schläft. So süß!

Ich: Ist also alles wieder okay bei euch?

Meine Schwester: JA! HÖR AUF DAMIT!

Ich: OK. Ich lege mich wieder schlafen.

Meine Schwester: IST GUT!

Ich: Nacht, Kleine.

Meine Schwester: Hab dich lieb! Ruf mich mal an! Ich vermisse dich!

Meine Schwester: Hey, bist du wach?

Ich: Jetzt schon.

Meine Schwester: Hast du schon Geburtstagskram für Mom gekauft?

Ich: Geburtstagskram?

Meine Schwester: Ein Geschenk oder so?

Ich: Ach so. Ja. Hab ich.

Meine Schwester: WAS? WARUM?!

Ich: Weil sie Geburtstag hat. Können wir morgen früh darüber reden?

Meine Schwester: NEIN! Dad ist total arschig. Er so: »Deine Mutter wird nur einmal 60. Meinst du, sie will von dem Geburtstag in Erinnerung behalten, dass du ihr nichts geschenkt hast?«

Ich: Warum hast du denn nichts besorgt?

Meine Schwester: WEIL ICH ZU TUN HATTE?! KANNST DU MIR JETZT BITTE KEINE VORWÜRFE MACHEN?

Ich: Ich mach dir keine Vorwürfe.

Meine Schwester: Was hast du denn für sie?

Ich: Ich hab ihr eine kleine Giraffenstatue gekauft. So eine wie die, die ihr im Antiquitätenladen in New Hope so gut gefallen hat.

Meine Schwester: Kannst du nicht sagen, dass sie von uns beiden ist?

Ich: OK, wollen wir sie uns teilen?

Meine Schwester: Wie viel $ waren es denn?

Ich: So 200?

[Keine Antwort.]

Ich: Na gut, ich sage, sie ist von uns beiden.

Meine Schwester: Danke! Und ruf mich mal an! Ich hab das Gefühl, wir reden gar nicht mehr miteinander!

Meine Schwester: Hey, bist du wach?

Ich: Nein.

Meine Schwester: Megakrise bei mir!

Ich: OK. Was denn?

Meine Schwester: 25 S. Hausarbeit, Abgabe in 4 Std!!! Der Prof ist total arschig.

ICH: Brauchst du Hilfe?

MEINE SCHWESTER: Weißt du irgendwas über Separatisten in Kamerun?

ICH: Nein.

MEINE SCHWESTER: Dann nicht.

ICH: Kann ich also wieder einschlafen?

MEINE SCHWESTER: NEIN! Ich bin verzweifelt!

ICH: Warum?

MEINE SCHWESTER: Die wollen eine unabhängige Region im Südosten von Kamerun, was auch total in Ordnung geht, aber die Loyalisten wollen das nicht, weil das Gebiet auch die erdölreiche Halbinsel Bakassi umfasst! Das ist so UNFAIR!

ICH: Aha.

MEINE SCHWESTER: Dabei haben die Loyalisten schon ZUGEGEBEN, dass die ihnen gar nicht gehört! Also: ENDLICH RAUS AUS AMBAZONIEN!!!

ICH: Klar. Ich bin echt müde.

MEINE SCHWESTER: Das ist totaler nationaler Neokolonialismus, von wegen: HALLO?! GEBT IHNEN DIE POLITISCHE SOUVERÄNITÄT, DIE SIE VERDIENEN, ODER WOLLT IHR EIN ZWEITES RUANDA!!!

ICH: Klar. Ist bloß so, dass ich morgen einen echt wichtigen Tag hab.

MEINE SCHWESTER: OK, ist ja gut! Dann schlaf du mal.

ICH: Danke. Viel Glück mit der Seminararbeit.

MEINE SCHWESTER: Nicht so herablassend.

ICH: Das war überhaupt nicht herablassend.

ICH: Hallo?

Meine Schwester: Hey, bist du wach?

Ich: Hab seit Tagen nichts von dir gehört.

Meine Schwester: Ich weiß, sorry.

Ich: Nein, war eigentlich ganz gut. Hab ich endlich mal schlafen können. Lol.

Meine Schwester: Kannst du jetzt bitte keine Witze machen?!

Ich: Oh. Sorry.

Meine Schwester: Bin nicht in der Stimmung dafür!

Ich: OK, warum?

Meine Schwester: Ich wurde von den Loyalisten in Kamerun als Geisel genommen und hab grade mal Handyempfang.

Ich: Was?!

Meine Schwester: Sie haben meine Seminararbeit gelesen.

Ich: Ernsthaft?

Meine Schwester: Und der Premierminister von Kamerun Philémon Yunji Yang ist total arschig. Sagt, ich kann erst wieder weg, wenn ich alles zurücknehme, was ich geschrieben hab! Ich sag nur REDEFREIHEIT, OK?

Ich: OMG! Soll ich die Botschaft anrufen?

Meine Schwester: NEIN! Die machen bloß eine Riesensache daraus. Und ERZÄHL MOM NICHTS DAVON! Die dreht sonst durch. Weißt du noch, als ich Veganerin war?? Grrr!

Ich: Bist du in Gefahr?

Meine Schwester: Ich sag nur ICH ESSE, WAS ICH WILL, MOM!

Ich: Schon gut. Aber bist du in Sicherheit???

Meine Schwester: HÖR AUF, MIR VORWÜRFE ZU MACHEN! JA! Ich bin in Sicherheit. Bloß stinksauer.

Ich: OK. Also, können wir darüber reden, wenn du wieder hier bist?

Meine Schwester: Ja, kannst du mich vom JFK abholen, wenn sie mich freilassen?

Ich: Klar, schick mir die Flugdaten.

Meine Schwester: Und fahr nicht bloß um den Terminal rum. Park richtig und komm rein und hol mich ab ;-)

Ich: OK.

Meine Schwester: Danke. Hab dich lieb. RUF MICH MAL AN!

TRENNUNGSANGST IM FERIENLAGER

8:00 Die Teilnehmer beginnen den Tag mit einem frühen Anruf bei Mom. Teilnehmer, die ins Bett gemacht haben, können die Kleidung wechseln, dürfen den beschmutzten Schlafanzug aber auch anbehalten, wenn sie den warmen Gestank ihres eigenen Urins als tröstlich empfinden und dadurch an zu Hause erinnert werden.

9:00 Frühstück wird im großen Speisesaal eingenommen, obwohl die meisten Teilnehmer aufs Frühstück verzichten werden, weil das Essen schwerfällt, wenn der Tag noch gar nicht angefangen hat, und der Gedanke daran ist zutiefst kränkend. Die Teilnehmer, die sich tapfer fürs Essen entscheiden, bekommen Pfannkuchen in Form ihres Namens, was sie an zu Hause erinnern und wahrscheinlich Verstopfung zur Folge haben wird.

10:30 Schwimmen. Die Teilnehmer schwimmen sieben Minuten im Planschbecken, pro Teilnehmer zwei Rettungsschwimmer. Die Teilnehmer tragen aufgeblasene Schwimmhilfen um Arme, Beine und Hals. Nach dem Schwimmen haben die Teilnehmer die Möglichkeit, ihre Mütter anzurufen und ihnen mitzuteilen, dass sie nicht ertrunken sind.

Sollte ein Teilnehmer ertrunken sein, wird die Mutter durch einen Betreuer in Ausbildung (BiA) informiert. Die betreffenden Betreuer in Ausbildung erhalten danach Gelegenheit, ihre eigenen Mütter anzurufen.

12:00 Mittagessen. Die Teilnehmer verzehren eins der Lunchpakete von Mom. Die Teilnehmer werden aufgefordert, den beigelegten Brief erst zu lesen, wenn das Essen verdaut ist, was ihnen nicht leichtfallen wird, weil sie der Gedanke an den ungelesenen Brief beunruhigt.

Nach dem Mittagessen haben die Teilnehmer freie Lesezeit, in der sie ihren Brief von Mom lesen können. Sollte ein Teilnehmer keinen Brief von seiner Mutter bekommen haben, wird einer der Betreuer in Ausbildung (BiA) einen Brief fälschen und behaupten, er sei im Kühlschrank liegen geblieben, in dem die Lunchpakete aufbewahrt werden. Der Betreuer wird ernsthaft versuchen, die Handschrift der Mutter nachzuahmen, eine hundertprozentige Übereinstimmung kann allerdings nicht garantiert werden.

14:00–15:00 Die Teilnehmer haben »Freie Zeit«: eine Stunde, in der sie das Lagergelände erkunden, auf dem benachbarten Lake Winooski Kajak fahren, ein Lagerfeuer errichten oder eine Postkarte an Mom schreiben. Auch Anrufe bei Mom sind in dieser Zeit möglich.

16:00 Auf die Nachmittagsfreizeit folgt ein Nachmittagsanruf bei Mom. Bei dieser Gelegenheit können die Teilnehmer auch mit Dad sprechen, doch das ist absolut freiwillig. Höchstwahrscheinlich wird Dad ohnehin keine Zeit haben, und wenn er Zeit hat, wird er wahrscheinlich über sich selbst reden, wie anstrengend seine Arbeit ist oder wie gut sich die Schwester des Teilnehmers im Sportlager macht. Falls Teilnehmer in dieser Zeit mit ihrem Dad reden, bekommen sie anschließend zwanzig zusätzliche Minuten, um das Gespräch mit Mom nachzubereiten. Taschentücher werden zur Verfügung gestellt.

17:30 Die Teilnehmer haben eine große Bandbreite von Freizeitmöglichkeiten, darunter »Zeigestunde«, in der die Teilnehmer ihren Lagergenossen eine Reliquie aus ihrem Heim präsentieren können, auch wenn sie wahrscheinlich nicht in der Lage sind, sich auf einen Gegenstand aus dem Leben anderer zu konzentrieren, denn dazu bedürfte es des Interesses an Mitmenschen, das die Lagerteilnehmer in Phasen solch starker emotionaler Turbulenzen nicht aufbringen.

Die Teilnehmer haben außerdem »Basteln und Malen« zur Wahl, wo sie ein Familienporträt anfertigen können, auf dem die Figur der Mutter unbewusst viel größer als die des Vaters dargestellt sein wird, dessen Gesicht wahrscheinlich – ebenfalls unbewusst – auch noch mit einem X ausgekreuzt sein wird.

Außerdem führen wir in diesem Jahr eine neue Freizeitbeschäftigung ein, nämlich die »Klagerunde«, in der Teilnehmer Gelegenheit haben, über die Beziehung zu ihrer Mutter nachzudenken und zu beklagen, wie sinnlos das Leben fern von zu Hause ist, wie beladen mit Furcht und Schrecken. Auch frühreife Studiumsängste können im Rahmen dieser Beschäftigung besprochen werden.

19:00 Das Abendessen wird im großen Speisesaal eingenommen. Die Teilnehmer werden ermuntert, reichlich zu essen, da der Tagesplan fast geschafft ist und sie der Heimkehr einen Tag nähergerückt sind. Das ist zwar strikt freiwillig, aber die Teilnehmer dürfen sich sogar kurz amüsieren und, wenn erwünscht, einen Hauch Erleichterung darüber verspüren, dass die Heimreise ein paar Stunden weniger weit entfernt ist als noch beim Frühstück.

Um 21:00 wird das Licht gelöscht. Es sei denn, ein Teilnehmer möchte die ganze Nacht wach bleiben und mit seiner Mutter telefonieren. Unter solchen Umständen ist ein Anruf bei Mom zu dieser oder jeder anderen Zeit möglich. Sollte ein Teilnehmer sich zum Schlaf entschließen, dann aber einen Alptraum haben, darf er ebenfalls bei Mom anrufen und wird sogar dazu ermutigt. Auch wenn ein Teilnehmer einschläft, aber vor seinen Schlafsaalgenossen aufwacht, kann er bei seiner Mutter anrufen. Sollte ein Teilnehmer die ganze Nacht ohne einen Anruf bei Mom durchschlafen, wird er am nächsten Tag von einem der

Betreuer in Ausbildung (BiA) nach Hause begleitet, wo er sich bei seiner Mutter für seine Gedankenlosigkeit entschuldigen kann.

Die Betreuer in Ausbildung werden unter den Müttern der Teilnehmer rekrutiert.

MEINE MUTTER ERKLÄRT MIR EIN BALLETT

Wo bleibst du denn? Es geht in fünf Minuten los! Ich hasse das, wenn ich deine Karte an der Kasse zurücklegen lassen muss. Wieso kannst du nicht einfach pünktlich sein wie jeder andere auch? Man sollte wohl meinen, dass du problemlos früh genug hier sein kannst, schließlich hast du keine Arbeit, keine Freundin, kein erfülltes Sozialleben und auch kein Ehrenamt als Ausrede. Na ja, schön, dass du gekommen bist. Gib mir einen Kuss.

Was hältst du von dieser Platzanweiserin? Sieht doch hübsch aus, vielleicht ein bisschen stämmig, aber ganz nett, oder? Ein nettes Gesicht. So jemanden solltest du dir suchen. Hat sie dir gefallen? Hast du irgendwas zu ihr gesagt, oder hast du bloß genickt und die Klappe gehalten, wie bei jedem Mädchen, das nicht Sarah ist? Aber sie ist sowieso ein bisschen stämmig. Nichts für dich.

Okay, es geht los. Weißt du irgendwas über dieses Ballett? Die Karten haben 125 Dollar gekostet, da solltest du wissen, was du siehst. Komponiert hat es Wagner, Richard Wagner, der war schon Nazi, bevor Hitler auftauchte. So, jetzt stell dein Handy aus. Es geht los.

Also, hier passiert Folgendes: Die Frau da liebt diese drei Männer. Darum halten sie alle Rosen in der Hand. Und sie umwirbt alle drei gleichzeitig. So wie damals, als du zu Sarahs Examen den ganzen Weg nach Providence gefahren bist und sie dann beschlossen hat, dass sie keine Zeit für dich hat. Aber für Wie-heißt-er-noch hat sie bestimmt ein paar Minuten erübrigen können. Patrick, oder? Sind sie noch zusammen? Die verdienen einander. Sie war niemals die Richtige für dich. Nach der Beerdigung deiner Großmutter hat sie Mandelkuchen ins Haus gebracht. Als ob ein Todesfall in der Familie nicht reichen würde – soll ich bei der Trauerfeier für meine eigene Schwiegermutter auch noch einen anaphylaktischen Schock kriegen? Ich will dir gar nicht vorschreiben, mit wem du zusammen sein sollst, das geht mich nichts an, und ich respektiere, dass du gerade etwas »verarbeitest«, aber dieses Mädchen war ein undankbares Flittchen, das dich nie zu schätzen wusste.

Wieso kannst du nicht so dastehen wie dieser Kerl auf der Bühne? Schau dir seine Haltung an. Vergiss mal einen Augenblick, dass er schwarz ist, und guck nur auf seinen Körper. Die Schultern nach hinten. Der hat Selbstvertrauen. Du siehst aus, als wolltest du dich entschuldigen, noch bevor du überhaupt den Mund aufmachst. Wenn du einen Raum betrittst, fällt das keinem Menschen auf.

Wenn *er* die Bühne betritt, sehen wir alle hin. Guck ihn dir an, ein lebendes Gemälde. Ich hatte nie was mit einem Schwarzen. Dein Vater war so wahnsinnig attraktiv als Student. Hat mich ganz schön eingeschränkt. Wo ich früher doch so progressiv war.

Schlaf jetzt bloß nicht ein. Was hast du bitte den ganzen Tag angestellt, dass du jetzt so müde bist? Schwitzt du? Ich rieche doch, dass du schwitzt.

Sieh mal, mit wem sie jetzt tanzt. *Quelle surprise!* Siehst du? Wenn du dich gerade hältst, nimmt sie deine Rose an. Wichtig ist das Vertrauen, das du ausstrahlst. Wenn du Selbstvertrauen hättest, würden die Leute dich auch bemerken. In Elmhurst gab es einen Jungen im Rollstuhl, der war so witzig, der konnte über sich selbst lachen, und irgendwie mochten wir ihn alle trotzdem gern.

Was sie da jetzt macht, nennt sich *Pas de chat*. Das ist Französisch, und wir wissen ja, wie du in Französisch abgeschnitten hast, also werde ich das Geheimnis lüften und dir verraten, dass es »Katzenschritt« heißt.

Jetzt sieh dir das an! Sie ist hingefallen! Ha! Ungeschickt. Das könnte ich ja besser. »Katzenschritt.« Ich habe früher auch getanzt, hab ich dir das mal erzählt? Ich hätte sehr erfolgreich sein können, wenn ich nicht deine Schwester gekriegt hätte. Die hat meinen Körper zerstört. Im Grunde zerstört sie mich noch immer. Das hätte ich auch gekonnt. Sieht schwerer aus, als es ist.

Oh, er ist wieder da! Sieh ihn dir an! Ein Adonis. Glaubst du, er steckt sich was in die Hose, um sie auszupolstern? So ein großes Ding hat doch keiner, oder? Dein Vater ist der einzige Mann, mit dem ich je zusammen war.

Ist das zu glauben? In gewisser Weise edel von mir, aber ich werde wohl nicht in den Himmel kommen, bloß weil ich keinen Spaß hatte.

Kannst du bitte mal eine Sekunde lang aufpassen? Dein Gezappel macht mich ganz irre. Ich verstehe ja, dass du ungeduldig bist. Ich war auch schon ungeduldig in meinem Leben. Zum Beispiel, als ich sechsunddreißig Stunden lang darauf gewartet habe, dass du in aller Ruhe meinen Geburtskanal hinabspazierst. Das war kein Vergnügen, das kann ich dir sagen. Hat sich angefühlt, als müsste ich eine Wassermelone auskacken. Wenn ich gewusst hätte, wie groß dein Kopf ist, hätte ich einen Kaiserschnitt machen lassen. Hinterher ist man immer schlauer, stimmt's?

Also, jetzt passiert Folgendes: Wir werden rausgeschmissen, weil ich zu viel geredet habe. Die Platzanweiserin, die ich zuerst für hübsch gehalten habe – hallo, meine Liebe! –, geleitet uns nach draußen. Und das ist absolut nachvollziehbar, schließlich beleidige ich dich seit Beginn der Vorstellung deutlich hörbar, und das stört die anderen Gäste. Aus der Nähe ist sie eigentlich ganz süß. Ein bisschen schwabbelig am Hals, aber süß. Versuch doch mal, ihre Telefonnummer zu kriegen.

Pass auf, ich kann dich nicht nach Hause fahren, du musst den Zug nehmen. Der Verkehr im Tunnel ist um diese Zeit ein Alptraum.

Wir sehen uns nächste Woche. Versuch bitte, pünktlich zu sein. Ich finde, das war eine großartige Idee, dass wir uns dieses Abo besorgt haben. Gib mir einen Kuss. Hab dich lieb, Schätzchen.

EINE E-MAIL-KORRESPONDENZ MIT MEINER ERSTEN FREUNDIN, DIE IRGENDWANN VON MEINER ÄLTEREN SCHWESTER GEKAPERT WIRD, DIE AN DER UNIVERSITÄT ZUM VÖLKERMORD IN BOSNIEN FORSCHT

ICH: hey amy … komme grad vom einkaufen mit meiner mutter nach hause. sie braucht vor jedem regal EWIG … ich dachte ich sterbe … darum hasse ich den sommer so.

AMY: LOL. genau deshalb geh ich überhaupt nicht mehr mit meiner mutter einkaufen. aber das lernst du bestimmt noch …

Ich: wie war tag »numero uno« im ballettcamp?

Amy: tag numero uno war »bien«, danke der nachfrage. hab dich aber vermisst. ich denke dauernd dran, wie schön das wäre, wenn du auch hier wärst und die ganze zeit mit mir tanzen könntest!

Ich: ich wär auch so gern bei dir … kann's kaum erwarten, dass du wieder nach NJ kommst … aber du siehst bestimmt scharf aus in deinem kostümchen, wie heißt das noch?

Amy: du meinst das TUTU?? darin seh ich tatsächlich scharf aus!

Ich: das ist total cool. aber du siehst ja immer scharf aus …

Amy: ;-)

Ich: ich habe eben ohne scheiß den kompletten rasen gemäht … nicht bloß hinten, auch den vorgarten, wo wir diese ganzen blöden bäume stehen haben, auf die meine mutter so abfährt. ich musste irgendwie so achterkringel drum herumfahren, weil mom das muster toll findet, das der mäher dann macht. UNFASSBAR langweilig! ich bin so müde …

Amy: hey. ballett war heute wahnsinn. ich krieg die hauptrolle in der abschlussaufführung! »sommerende«! das heißt natürlich, dass ich jede menge komplizierte solopartien lernen muss, was nicht unbedingt spaßig wird, aber bestimmt auch ganz nett, oder? oder??

Ich: das ist total cool!!! du wirst megahübsch aussehen in der aufführung. kann kaum abwarten, sie zu sehen … aber natürlich *werde* ich warten, denn sie ist ja erst ENDE des sommers. darum heißt sie wohl auch SOMMERENDE, oder??

Amy: LOL! du bist so witzig!

Ich: und du bist so schön …

Amy: dann sind wir zusammen wohl ein ganz schön witziges paar.

Ich: LOL.

Amy: ich mag dich wirklich gern.

Ich: ich mag auch wirklich gern.

Ich: ich meine, ich mag DICH auch wirklich gern!

Ich: ups …

Amy: was machst du heute?

Ich: nichts … ich hab irgendwie verschlafen, echt komisch, weil ich das normalerweise gar nicht kann … also ich bin gegen halb drei aufgewacht und dachte so »wow«, weil ich geglaubt hab, es wäre noch morgens … und du?

Amy: wir hatten heute die erste kostümprobe. meins sieht TOTAL schön aus, hinten hat es so rote pailletten über den ganzen rücken, aber es bewegt sich trotzdem richtig gut. ich soll eine art vogel sein, der aber trotzdem ballett tanzt (wer hätte das geahnt?), und wir haben den kostümbildner kennengelernt, der ist glaube ich brasilianer. ungefähr der bestaussehende typ der welt. war früher selbst tänzer. werd nicht eifersüchtig: ist wahrscheinlich schwul, glauben jedenfalls alle. ich muss einen ganz kurzen rock tragen, und ich hab paolo (das ist der kostümtyp) gesagt, dass man total meinen hintern sehen kann, und dann hat er mich ganz ernst angeguckt und mit seinem voll süßen akzent gesagt: »du musst stolz sein auf dein wunderschönes hinterteil.« wenn er doch bloß nicht schwul wäre! war nur ein witz! ich vermiss dich! ich geh jetzt mit paolo und ein paar anderen ins TGI fridays, eisbecher essen. (dabei ist heute samstag. ha ha ha!)

ICH: das kleid ist bestimmt hammer! und zeig bloß dein »wunderschönes hinterteil«, wenn ich zur aufführung komme! ich hatte einen richtig aufregenden tag (purer sarkasmus). hab meinem vater so ca. zehn minuten in der praxis geholfen, bin dabei aber fast verrückt geworden und hab mich rausgeschlichen, als er einen patienten bei sich hatte. jetzt bin ich jedenfalls wieder daheim. werd wahrscheinlich irgendeinen blöden film gucken … kann kaum erwarten, dass die schule wieder losgeht! (und kann kaum fassen, dass ich das grad geschrieben hab.)

AMY: komm grad vom abendessen wieder. totaler zuckerflash. werd bestimmt die ganze nacht kein Auge zutun!

ICH: na, wie geht's? hier war's wieder voll langweilig … ich wünschte, ich könnte eine ganze jahreszeit verschlafen wie ein bär, also den ganzen sommer, und erst wieder aufwachen, wenn ich DICH WIEDERSEHE! zuhause DREH ICH KOMPLETT DURCH … meine eltern sind irre … die streiten sich nicht mal wie normale eltern, die vertragen sich einfach, und das ist soo langweilig. ABER …

die gute nachricht ist (trommelwirbel): meine schwester kendra kommt morgen von der uni zurück!! sie ist so cool, ich kann's kaum erwarten, dass ihr beide euch kennenlernt. vielleicht könnten wir mal was zusammen machen? sie ist super-super-schlau, hat früher alle hausaufgaben in geschichte für mich gemacht (erzähl miss matthews nichts davon) und schreibt ihre abschlussarbeit über irgendwas total abgefahrenes wie den völkermord in bosnien oder so. krass! egal, ich kann's kaum erwarten, sie zu sehen …

Amy: klingt cool. ich hab auch gute nachrichten (noch ein trommelwirbel): paolo ist NICHT schwul! LOL. bin ich froh, dass ich kein geld drauf gewettet hab. egal, die proben laufen jedenfalls super. ich arbeite KRASS HART, mein körper kriegt praktisch jede minute ein komplettes work-out. aber ich glaub, ich krieg es richtig gut hin, und ich glaub, ich könnte das sogar professionell machen. früher hab ich irgendwie gedacht, tanzen ist bloß so ein kindertraum, aber jetzt glaub ich, ich wär tatsächlich gut genug, es wirklich durchzuziehn. schräg!

Ich: ja, echt schräg … so als würde ich in der NBA spielen oder so … LOL … aber cool …

Amy: das ist überhaupt nicht so, als ob du in der NBA spielen würdest. ich tanze schließlich richtig, ich hab die hauptrolle bei der aufführung. es wäre so wie du in der NBA, wenn du im basketball-camp wärst und der beste spieler da und außerdem echt groß.

Ich: ich wollte ja bloß sagen, dass du vielleicht nicht gleich die SCHULE HINSCHMEISSEN solltest, falls das deine absicht ist … und übrigens werf ich richtig gute dreier. letztes jahr war ich im schulteam und bei ein paar spielen sogar in der startaufstellung, und man muss gar nicht so groß sein, wenn man gute distanzwürfe draufhat, also …

Amy: ich will doch nicht die schule hinschmeißen! ich probier bloß gerade aus, wer ich eigentlich bin und wer ich sein kann, und ich glaub, ich bin eine richtig gute tänzerin. tut mir leid, wenn dich das nervt!

Ich: ich bin doch nicht genervt! was? ich mein doch bloß, es ist vielleicht noch ein bisschen früh, über eine so abgedrehte berufliche laufbahn nachzudenken … tut mir leid, wenn ich so, na ja, praktisch denke … und ich freue mich, dass paolo nicht schwul ist. jetzt könnt ihr beide ein liebespaar werden … aber mal ehrlich: nimm dich vor schmierigen alten brasilianern in acht!

Amy: paolo ist so alt wie wir.

Ich: was?

Amy: ja, echt …

Ich: und der darf alle kostüme entwerfen?

Amy: er ist ein wunderkind.

Ich: schräg …

Amy: wieso schräg?

Ich: keine ahnung … kommt mir halt einfach schräg vor.

Amy: ich hab das gefühl, du stärkst mir überhaupt nicht den rücken.

Ich: es fällt mir ein bisschen schwer, dir den rücken zu stärken, wenn du irgendwie dein ganzes leben über nacht komplett umkrempelst, ohne mir was davon zu erzählen …

Amy: ich wusste nicht, dass ich dir über jede bewegung berichten muss, die ich mache. ich wusste nicht, dass wir wie siamesische zwillinge sind, bloß weil wir vor dem sommercamp zweimal verabredet waren. tut mir leid, dass mir das nicht klar war! jedenfalls muss ich jetzt zur probe. und, was machst du gleich aufregendes? deine socken waschen?

Ich: ich häng grade mit meiner schwester rum. sie ist der hammer, und wahrscheinlich machen wir irgendwas cooles, zum strand fahren oder zu einer party oder so …

Amy: na dann viel spaß. ich geh übrigens auch zu ner party. paolo schmeißt eine in seinem zimmer.

Ich: dann auch viel spaß …

Amy: werde ich haben!

Ich: jetzt bist du echt zickig.

Amy: ich glaube, wir sollten nicht mehr miteinander reden.

Ich: ist gut! und was soll sich dadurch bitte an der aktuellen lage ändern?

Amy: ausnahmsweise mal eine kluge bemerkung!

Ich: ich hab meiner schwester erzählt, was du treibst. sie wird dir mailen.

Amy: super! ich hab nichts verbrochen, ist mir also egal!

Kendra: Liebe Amy, hier ist Kendra. Ich freue mich, dich per Mail kennenzulernen. :-) Mein Bruder hat mir euren Mailverkehr gezeigt, und ich will mich nicht übermäßig einmischen, aber ich habe das Gefühl, ich könnte die Haltung meines Bruders angesichts deiner neuen Beziehung verdeutlichen und etwas Licht auf die momentane Lage werfen.

Amy: Hi Kendra. Ich freue mich auch, dich per Mail kennenzulernen. ;-) Die ganze Sache frustriert mich total. Danke, dass du deine Hilfe anbietest.

Kendra: Mache ich gern. Ich möchte dir etwas erzählen; und ich wünschte, das hätte mir jemand erzählt, als ich so alt war wie du. Ich glaube, das könnte einige komplizierte Aspekte eurer Beziehung erhellen. Die momentane Lage erinnert mich an ein kleines historisches Intermezzo namens »Vereinbarung von Karađorđevo«. Ich nehme an, du wirst davon noch nie gehört haben, darum zunächst ein wenig Hintergrundinformation.

Im Jahr 1991 bereiteten sich Bosnien, Serbien und Kroatien auf den Krieg vor. Bosnien, regiert vom zahnlosen Alija Izetbegović, war das schwächste der drei Länder und zur Niederlage verdammt. Dennoch kamen die Führer Kroatiens und Serbiens am 25. März 1991 zu einem vertraulichen privaten Treffen zusammen, um die Aufteilung Bosniens zu besprechen. Ja, ganz genau: Hinter dem geschundenen Rücken der Bosnier beschlossen die Staatsoberhäupter von Kroatien und Serbien, wie Bosnien zerstückelt werden würde. Na, geschockt? Es kommt noch schlimmer.

Serbien wurde, wie du wahrscheinlich weißt, vom niederträchtigen Slobodan Milošević vertreten; Kroatien vom etwas weniger bösartigen Franjo Tuđman. Auf dem Jagdschloss Karađorđevo kamen diese beiden Verschwörer im Geheimen überein, den wehrlosen Izetbegović und seine bosnischen Moslems zu überrennen, und so nahmen die ethnischen Säuberungen ihren Lauf. Angesichts der Korrespondenz zwischen dir und meinem Bruder in den letzten Wochen bietet die Vereinbarung von Karađorđevo eine passende Analogie zu unserer Lage. Ich will dir die Parallelen erklären, sollten sie nicht ohnehin auf der Hand liegen:

Mein Bruder ist eindeutig der bosnische Regierungschef Izetbegović, der im Dunkeln tappt, während in privaten Hinterzimmern über sein Schicksal entschieden wird: nämlich von dir und Paolo. Was ist das Vergehen der Hintergangenen? Dass sie nicht anwesend sind: Izetbegović isoliert im brütenden Talkessel von Sarajevo, mein Bruder Rasen mähend in der Vorstadt in New Jersey.

Ich will dich keineswegs mit Milošević gleichsetzen (auf den komme ich später zurück), doch ich finde, deine Handlungen erinnern an das Verhalten des (schwachen) starken Mannes Kroatiens, Franjo Tuđmans. Er war im Grunde ein Einfaltspinsel. War er bösartig? Die Geschichte wird über ihn richten, aber ich würde behaupten: nicht notwendigerweise. Unschuldig war er jedoch sicher nicht. Wahrscheinlich hat ihn der stärkere Milošević bedrängt, jedenfalls wurde Tuđman Teil der Verschwörung und heckte den üblen Plan aus, Bosnien zu zerstückeln. Ob man ihn nun als Beschwichtiger oder als Schlächter einschätzt, Fakt ist, dass er weder den armen Bosniaken geholfen noch den skrupellosen Milošević aufgehalten hat.

Wieso glaube ich, dass du dich ähnlich verhältst wie Tuđman? Deine immer intimer werdenden Rendezvous mit diesem Paolo lesen sich wie ein Verbrechen aus Passivität. Von den Eisbechern im TGI Fridays bis zur Party in »Paolos Zimmer« gestern Abend – mit jeder »unschuldigen« Interaktion zerstückelst du Bosnien ein wenig mehr. Genau wie Tuđman spielst du deine Rolle in einem Plan, der viel komplizierter und hinterhältiger ist, als dir wahrscheinlich bewusst ist. Noch einmal, *du* bist nicht böse. Doch mögen wir niemals den berühmten Satz Elie Wiesels vergessen:

»Schweigen und Gleichgültigkeit sind die größten aller Sünden.«

Und nun zu Paolo, unserem Milošević. Du nennst Paolo ein »Wunderkind«. Das mag stimmen. Milošević war ebenfalls ein »Wunderkind«. Genau wie Mussolini und Hitler. Und auch wenn du angibst, Paolos Begabung liege in der Welt der Mode, glaube ich, dass sie doch eher der von Milošević nahekommt. Will sagen, ich halte sie beide für Experten, allerdings nicht in Sachen Mode, sondern in Sachen Metzelei und Räuberei.

Von seiner sexuellen Neigung mal ganz abgesehen; Paolos Absichten liegen klar auf der Hand. Seine Bemerkung über dein »wunderschönes Hinterteil« ist gleichbedeutend mit einer Kriegserklärung. Auch Milošević hat kaum einen Hehl aus seinen ähnlich finsteren Absichten den bosnischen Moslems gegenüber gemacht, als er über die Vereinbarung von Karađorđevo sagte: »Dies ist eine Lösung, die den Moslems weit mehr bietet, als sie mit Gewalt jemals zu erlangen hoffen könnten.«[1]

Um es zusammenzufassen: Ich gebe dir keine Schuld, und ich nenne dich ganz sicher keine Übeltäterin, doch ich habe das Gefühl, mein Bruder wird überrollt, und du sitzt dabei schweigend auf dem Beifahrersitz.

Amy: Liebe Kendra, ich verstehe, dass du nur zu helfen versuchst und dass du mich nicht für böse hältst oder so

[1] Burns, John F.: »Serbian Plan Would Deny the Muslims Any State«, *New York Times*, 18. Juli 1993.

was, aber ich bin ganz und gar nicht deiner Meinung. Und wo wir gerade dabei sind, uns zu »erklären«, darf ich mich da vielleicht mal SELBST erklären? Erstens habe ich ein bisschen was über diesen »Tuđman« gelesen, und ich finde, ich bin KEIN STÜCK wie er. Wenn überhaupt, dann seid IHR BEIDEN wie Milošević, wie ihr da in eurem finsteren Elfenbeinturm in New Jersey Komplotte gegen mich schmiedet. Ich versuche mich hier ganz praktisch aufs Tanzen zu konzentrieren, zum ersten Mal in meinem Leben hab ich richtig Spaß und das Gefühl, dass ich womöglich irgendetwas wirklich gut beherrsche, und da ist nichts dran auszusetzen. Wenn ich TATSÄCHLICH etwas mit ehemaligen jugoslawischen Republiken zu tun hätte, dann wäre ich Slowenien, das habe ich gerade nachgeschlagen; die haben nämlich versucht, mehr Unabhängigkeit zu erlangen, ohne gleich alles kaputtzumachen. Und genau das versuche ich hier im Ballettcamp: ein bisschen Spaß und Freiheit genießen, ohne die Beziehung zu deinem Bruder kaputtzumachen. IHR seid eher wie Milošević und die Jugoslawische Volksarmee, die mit ihren Truppen Ljubljana stürmen, als würde ich was ganz Schlimmes tun.

Und was Paolo angeht, den ich GAR NICHT verteidigen will: Der ist lang nicht so schlimm wie Milošević! Das ist unfair. Er flirtet vielleicht gern, aber das gehört einfach zu seinem kulturellen Hintergrund. Wenn überhaupt, dann ist er wie der frühere kroatische Parlamentspräsident Stjepan Mesić: harmlos.

Kendra: *Harmlos?* Also ehrlich, ROFL, Amy! Mesić war ein Apologet der Ustaša (!) und der höchst korrupte Kopf eines ohnehin korrupten Staates, dessen schäbige Kampagne zur Präsidentschaftswahl von der albanischen Mafia finanziert wurde! Wenn du ein bisschen weniger in deinem hübschen Vogelkostümchen herumhüpfen (ich hoffe, PETA kommt nicht zur Aufführung!) und dich mehr mit den postsowjetischen mittel- und südeuropäischen Konfliktzonen beschäftigen würdest, dann wüsstest du, wovon du redest!

Amy: Also, erstens lebe ich vegan (im Gegensatz zu deinem ach so heiligen kleinen Bruder, dem soo übel mitgespielt wird). Zweitens wurde Mesić nie irgendwelcher Korruptionsvorwürfe im Zusammenhang mit seinem Wahlkampf für schuldig befunden, also verkaufe hier bitte keine Anklagen als Urteile.[2]

Kendra: Entschuldigung wegen meiner unsachlichen Bemerkungen zu deinem Vogelkostüm. Es klingt eigentlich richtig hübsch (ich mag Pailletten immer und überall!), und ich finde es lobenswert, dass du vegan lebst, was ich voll unterstütze. Ich würde mich auch gern so ernähren, aber es fällt mir schwer, es umzusetzen.

Amy: Danke für die Entschuldigung bzgl. meines Kostüms (ich finde Paletten auch toll!!!). Was die Ernährung angeht: Vielleicht solltest du mal Quinoa mit einer milden Sojasoße versuchen, es sei denn, du isst glutenfrei?

---

2 »Sud: Darko Petričić nije oklevetao Stjepana Mesića«, *Slobodna Dalmacija*, 29. März 2012.

KENDRA: Nein, ich esse nicht glutenfrei (nicht mehr!). Habe ich drei Monate lang gemacht. Habe acht Pfund abgenommen! Aber leider danach wieder zugenommen. ;-(

AMY: Das ist so fies! Aber ZUR SACHE. Was Paolo angeht: JA, ich verbringe Zeit mit ihm, und JA, ich finde ihn attraktiv, aber das heißt ja noch nicht, dass ich deinen Bruder betrüge, der übrigens GANZ GENAUSO handeln würde, wenn unsere Rollen vertauscht wären. Wenn zum Beispiel Radovan Karadžić in Škofja Loka zur Schule gegangen wäre und Jože Pučnik in Banja Luka – dann würde Jože jetzt nicht bei den Treffen der Eurozone herumlaufen und Wangenküsse mit Christine Lagarde tauschen! Was würde Slavoj Žižek wohl zu deinem moralischen Absolutismus sagen?

KENDRA: Hmm. Žižek wäre wahrscheinlich nicht sonderlich überzeugt von meinem wenig praktikablen Streben nach einer falschen postmarxistischen Utopie.

AMY: Und noch was! Wenn du glaubst, Alija Izetbegović war ein harmloses Opfer, solltest du vielleicht mal sein Manifest *Islamische Deklaration* von 1970 lesen, das ich gerade als PDF heruntergeladen habe. Einige Passagen darin ähneln auf geradezu unheimliche Weise den Mails, die dein Bruder mir geschickt hat – zum Beispiel fordert Izetbegović die Modernisierung Bosniens *ausschließlich* in Verbindung mit den Lehren des Korans, und dein Bruder hat mich zum Treffen nach der Schule *ausschließlich* in Verbindung mit einem Besuch der Bowlingbahn aufgefordert (dabei hasse ich Bowling, was er auch weiß, weil mir davon die Daumen wehtun)!

KENDRA: Liebe Amy, deine Bemerkungen sind aufschlussreich, fundiert und letztlich auch gründlich recherchiert. (Von dem Bowlingvorfall wusste ich nichts.) Im Licht dieser ernüchternden Erkenntnisse glaube ich tatsächlich, dass für dich und meinen Bruder – durchaus vergleichbar mit dem ehemaligen Jugoslawien – eine Trennung bevorsteht. Natürlich würde ich euch beide sehr gern weiter zusammen sehen, doch die ganze Welt wusste, dass es Jugoslawien ohne Tito an der nötigen Stabilität mangeln würde, und ohne echtes gegenseitiges Verständnis droht dir und meinem Bruder das gleiche Schicksal. Im Bestreben, ein weiteres Srebrenica zu vermeiden, scheint mir eine friedliche Beendigung der Beziehung am besten.

Ehrlich gesagt liegt mir nichts ferner als eine Rolle wie die der Vereinigten Staaten unter Clinton, als man, wie wir beide wissen, zu spät zu wenig unternahm. Darum glaube ich, dass eure Wege sich trennen sollten, ehe die Auseinandersetzungen zwischen dir und meinem Bruder noch gewalttätiger werden, als sie ohnehin schon sind. Ich wünsche dir für die bevorstehende Aufführung alles Gute und werde unsere Entscheidung meinem Bruder weiterleiten, der deinem Auftritt wahrscheinlich nicht beiwohnen wird, da ihr beide nun nicht mehr zusammen seid.

AMY: Liebe Kendra, vielen Dank für deine einfühlsamen Worte und dafür, dass du dich überhaupt nicht so zickig aufgeführt hast, wie ich befürchtet hatte. Ich freue mich schon darauf, dich persönlich kennenzulernen ;-), auch wenn wir das hinter dem Rücken deines Bruders tun müssen (Karađorđevo, 2. Auflage? Kleiner Scherz). Allerdings sollten wir zu unserem Treffen, um unnötige Hitzigkeiten zu vermeiden, einen Vermittler wie den früheren Staatssekretär im Außenministerium, Richard Holbrooke, hinzuziehen! LOL!)

KENDRA: Genau! Oder den slowakischen Diplomaten Miroslav Lajčák! Damit wir kein zweites Višegrad erleben!

AMY: Oder, noch schlimmer: Foča!

KENDRA: ROFL!

AMY: Ich wünsche dir einen tollen Sommer, Kendra.

KENDRA: Ich dir auch.

DIE BEIPACKZETTEL MEINER MEDIKAMENTE, GESCHRIEBEN VON MEINEM VATER

MARKENNAME: Ativan®

WIRKSTOFF: Lorazepam

KATEGORIE: Angstlöser/Beruhigungsmittel

ANWENDUNG: Dieses Medikament hat dir dein Arzt verschrieben, damit du besser schläfst, weil man nämlich nicht gut einschlafen kann, wenn man sich in keinster Weise körperlich betätigt.

NEBENWIRKUNGEN: Kann zu Müdigkeit führen, wobei das deinen Tagesplan kaum beeinträchtigen dürfte.

BEI ÜBERDOSIERUNG: Mehrere Gläser Wasser trinken – das kommt aus dem Wasserhahn und kann auch zum Abwaschen verwendet werden.

Markenname: Adderall®
Wirkstoff: Amphetamin und Dextroamphetamin
Kategorie: Stimulanz
Anwendung: Dieses Medikament hat dir dein Arzt in zu hoher Dosierung verschrieben, weil er von der Pharmaindustrie dafür bezahlt wird, es zu hoch dosiert zu verschreiben. Wusstest du, wie viele Menschen in den letzten vier Jahren Adderall genommen haben? Siebenunddreißig Millionen! Das sind zwei Millionen mehr als die gesamte Bevölkerung Kanadas – eines Landes übrigens, das Adderall nicht von ungefähr verboten hat! In Kanada ist es völlig legal, Marihuana zu rauchen (und ich weiß, du hast das auch getan; deine Schwester hat mir erzählt, dass du mit deinem Freund Peter Jaworski Marihuana geraucht hast, als er an der McGill in Montreal war), aber Adderall ist illegal!
Nebenwirkungen: Kann süchtig machen. So wie Zuspätkommen, sich wie ein Teenager kleiden und seiner Mutter keine Geburtstagskarte schicken scheinbar auch.
Bei Überdosierung: Jede Dosierung dieses Medikaments ist eine Überdosierung.

Markenname: Zoloft®
Wirkstoff: Sertralin
Kategorie: Antidepressivum/selektiver Serotonin-Wiederaufnahmehemmer
Anwendung: Dieses Medikament hat dir dein Arzt verschrieben, weil du ihm wahrscheinlich erzählt hast, wie ich den Wecker an die Wand geworfen und dich

damit aus Versehen am Kopf getroffen habe. Ich wollte ihn AN DIE WAND werfen! Ich hatte einen furchtbaren Tag; ein Mann darf doch wohl in seinen eigenen vier Wänden mit Sachen werfen. Ich habe mich dafür entschuldigt, dass er dich am Kopf getroffen hat – die Tatsache leugne ich gar nicht –, aber du solltest dich auch mal für diese ständige, ehrlich gesagt so selbstherrliche wie selbstmitleidige Behauptung einer Kindesmisshandlung entschuldigen, die niemals stattgefunden hat. Du bist nicht glücklich? Wer ist denn schon glücklich? Wieso glaubt in diesem Land jeder, eine Pille könne ihn glücklich machen? Wusstest du, dass China inzwischen mehr Ärzte und Ingenieure hervorbringt als die Vereinigten Staaten? Und was tust du dagegen? Du schreibst ein Buch! Toll! Vielen Dank auch! Vielen Dank, mein Sohn, dass du ein »ironisches« Buch über sprechende Schimpansen in New York schreibst! Wenn es tatsächlich so »meta-« und »selbstreflexiv« ist, wie du behauptest, wird es uns wahrscheinlich aus der Rezession retten! Da habt ihr's, China und Indien! Ein postmodernes Buch über sprechende Affen!

NEBENWIRKUNGEN: Dieses Medikament führt zu schwerer erektiler Dysfunktion. Mal abgesehen von der Sorge um dein schäbiges Liebesleben, hätte deine Mutter irgendwann ganz gerne Enkel, und da deine Schwester momentan lesbisch ist, bist du die letzte Hoffnung.

BEI ÜBERDOSIERUNG: Finger in den Hals stecken und dich übers Klo beugen. Und renn nicht in die Küche und übergib dich vor deiner Mutter, als ob du »es nicht mehr bis ins Bad geschafft« hättest. Dass man mit solchem Quatsch bloß um Mitleid bettelt, weiß jeder. Funktioniert aber nicht. Ihr wird einfach nur übel davon.

Markenname: Haldol®
Wirkstoff: Haloperidol
Kategorie: Neuroleptikum/Antipsychotikum/Schizophrenie (Herr im Himmel!)
Anwendung: Verkaufst du das auf der Straße, oder was? Wie bist du da überhaupt drangekommen? Hast du deinem Psychiater erzählt, dass du Stimmen hörst oder dergleichen? Dann hör dir das mal an: Wenn du möchtest, dass ich weiter deine Krankenversicherung zahle, damit du deinen Seelenklempner bezahlen kannst, besorg dir einen Job. Und überhaupt: Wie kannst du einem solchen Arzt vertrauen? Was muss das für einer sein? Ich hab dir doch gesagt, komm heim nach New Jersey, geh bloß nicht zu einem Psychodoktor im West Village. Deine Mutter und ich wohnen gleich neben der Uni. Die Ärzte hier sind genauso gut und nur halb so teuer. Weißt du was, Howard hat neulich nach dir gefragt, und ich habe ihm aus Versehen erzählt, dass du dieses Haldol-Zeugs nimmst. Mir ist das peinlich. Keins von seinen Kindern nimmt das, dabei ist Jenny Legasthenikerin.
Nebenwirkungen: Ist wahrscheinlich großes Pech, dass *mir* niemand solche Aufmunterer verschrieben hat, als ich meine homosexuellen, schizophrenen Kinder misshandelt habe. Wahrscheinlich war ich zu sehr damit beschäftigt, dir Wecker an den Kopf zu schmei-

ßen, als dass ich mich für 350 Dollar die Stunde an einer Schickimicki-Schulter im West Village hätte ausheulen können! Und sieh nur, was aus mir Furchtbares geworden ist! Der jüngste Partner in meiner Kanzlei! Besitzer eines Riesenhauses mit dreieinhalb Badezimmern in Fort Lee! Ehemann seit sechsundzwanzig Jahren, der mit seiner Frau bereits drei Kreuzfahrten unternommen hat! Ja, ganz genau, ich bin ein wahrhaft fürchterlicher Mensch.

BEI ÜBERDOSIERUNG: Erzähl deiner Mutter nichts davon.

MEIN NEFFE HAT EIN PAAR FRAGEN

ICH: Ich möchte, dass du dich da hinten anschnallst, Kumpel.

MEIN NEFFE: Warum?

ICH: Weil ich es eben möchte.

MEIN NEFFE: Warum?

ICH: Weil du mir was bedeutest.

MEIN NEFFE: Warum?

ICH: Weil du der Sohn meiner Schwester bist. Und sie bedeutet mir was.

MEIN NEFFE: Warum?

ICH: Weil es eben so ist.

MEIN NEFFE: Warum?

ICH: Weil sie schon drei war, als ich geboren wurde, und ich sie wohl auf ein Podest gestellt und verehrt hab, so wie jedes jüngere Geschwisterkind das tut.

Mein Neffe: Warum?

Ich: Wahrscheinlich hab ich sie idealisiert, was eigentlich komisch ist, denn deine Mutter war nie sehr nett zu mir.

Mein Neffe: Warum?

Ich: Zuerst war sie ein Einzelkind, und als ich dazukam, musste sie ja alles teilen.

Mein Neffe: Warum?

Ich: Wir hatten beide unsere Bedürfnisse, und ich glaube, es ist meinen Eltern schwergefallen, die von uns beiden zu stillen.

Mein Neffe: Warum?

Ich: Weil Bedürfnisse so schwer greifbar sind. Ich glaube, Abraham Maslow war es, der gesagt hat: »Es ist nicht normal, zu wissen, was wir wollen. Es ist eine seltene und komplizierte psychologische Leistung.«

Mein Neffe: Warum?

Ich: Weil er zu einer Zeit geforscht und geschrieben hat, als die Sozialpsychologie in Richtung Humanismus und Selbstverwirklichung tendierte.

Mein Neffe: Warum?

Ich: Es gab da eine Strömung in der postfreudianischen Verhaltensforschung, die in der westlichen Psychologie extrem vernachlässigt worden war.

Mein Neffe: Warum?

Ich: Weil die Welt noch damit beschäftigt war, sich alles zu erklären. Na ja, nicht die ganze Welt. Der Osten hatte auf seine Weise schon Antworten gefunden.

Mein Neffe: Warum?

Ich: Weil die Gesellschaften dort starrer und unflexibler waren.

Mein Neffe: Warum?

Ich: Wahrscheinlich wegen der Mongolen. Die haben riesige Territorien mit verschiedensten Kulturen gewaltsam vereint.

Mein Neffe: Warum?

Ich: Sie haben wohl gedacht, es sei wichtig, möglichst viel Land anzusammeln.

Mein Neffe: Warum?

Ich: Weil es die sichtbarste Form von Erfolg war. Heutzutage legen wir mehr Wert darauf, Geld anzuhäufen.

Mein Neffe: Warum?

Ich: Weil das leichter ist, als in ein Land einzumarschieren. Aber in mancher Hinsicht ist es genauso gefährlich – wenn nicht gefährlicher.

Mein Neffe: Warum?

Ich: Weil es nur eine endliche Menge Land zu erobern gibt. Geld hingegen vermehrt sich exponentiell.

Mein Neffe: Warum?

Ich: Teils liegt das in der Natur der Ökonomie, teils an den schlecht durchdachten Beziehungen zwischen den unterentwickelten Ländern und den wirtschaftspolitischen Institutionen – der Weltbank, dem Internationalen Währungsfonds. Sieh dir nur Simbabwe an.

Mein Neffe: Warum?

Ich: Weil das ein gutes Beispiel dafür ist, welche verheerende Wirkung die Inflation auf ein Land haben kann. Die Leute sind tatsächlich mit Schubkarren voller Bargeld zum Bäcker gefahren, um einen Laib Brot zu kaufen.

MEIN NEFFE: Warum?

ICH: Weil ein machthungriger Diktator eine verfehlte Bodenreform durchsetzen wollte.

MEIN NEFFE: Warum?

ICH: Weil das Land so lange eine britische Kolonie war – da hieß es Rhodesien – und weil die schwarze Bevölkerung über Generationen grausam entrechtet wurde.

MEIN NEFFE: Warum?

ICH: Weil es in Afrika ein Wettrennen der Kolonialmächte um die Vorherrschaft gab. (Was uns wieder zurückführt zu dem, was ich über die Mongolen gesagt habe.)

MEIN NEFFE: Warum?

ICH: So ist die Natur des Menschen. Und ich würde sagen, auch *ich* bin in gewisser Weise ein Opfer dieser unstillbaren Gier nach Geld.

MEIN NEFFE: Warum?

ICH: Na ja, man kann alles ganz leicht auf »das System« schieben – auf den Kapitalismus, den Pioniergeist der US-Amerikaner, das, was Chomsky »ökonomischen Faschismus« genannt hat –, aber wahrscheinlich ist es meine eigene Schuld.

MEIN NEFFE: Warum?

ICH: Weil ich auch einen anderen Weg hätte wählen können, mich aber aus irgendeinem Grund gezwungen fühlte, den trügerischen Dollars nachzujagen. Weißt du, eigentlich wollte ich im Hauptfach Philosophie studieren.

MEIN NEFFE: Warum?

Ich: Das klingt jetzt total abgelutscht, aber als Teenager stand ich wahnsinnig auf Immanuel Kant.

Mein Neffe: Warum?

Ich: Das hat mich bisher noch niemand gefragt, Kleiner. Aber ich vermute, mir gefiel besonders gut, wie *einfach* er die Dinge machte.

Mein Neffe: Warum?

Ich: Weil Kant konkrete Lösungen für komplizierte Probleme bot, und das war tröstlich.

Mein Neffe: Warum?

Ich: Weil ich jede Menge Fragen zu Ethik und Moral hatte.

Mein Neffe: Warum?

Ich: Weißt du, ich hab seit Jahren nicht mehr darüber geredet, aber ich hab mit zwölf eine gewisse Zeit in einer Jugendstrafanstalt verbracht.

Mein Neffe: Warum?

Ich: Weil man mir vorwarf, ich sei nachts in die Schule eingebrochen und hätte einen der Klassenräume in Brand gesetzt.

Mein Neffe: Warum?

Ich: Meine Eltern hatten mich in der Nacht vermisst gemeldet und der angezündete Unterrichtsraum war mein Matheraum. Und es war der Abend nach einer wichtigen Mathearbeit. Also war ich der offensichtlichste Tatverdächtige.

Mein Neffe: Warum?

Ich: Na ja, alle Indizien deuteten auf mich. Aber ich war es nicht!

Mein Neffe: Warum?

Ich: Weil es mir egal war, ob ich die Arbeit verhauen hatte!

MEIN NEFFE: Warum?

ICH: War ja nicht so, als ob ich in der Gosse verelendet wäre, weil ich wegen meiner schlechten Note nicht an eine gute Uni gekommen bin!

MEIN NEFFE: Warum?

ICH: Okay! Ich war's! Ich hab den Matheraum abgefackelt!

MEIN NEFFE: Warum?

ICH: Weil ich Panik gekriegt hab! Und ich war *zwölf!* Ich hab einen Fehler gemacht!

MEIN NEFFE: Warum?

ICH: Ich bin ein Mensch! Ich bin fehlbar! Ich wollte bloß, dass man mich liebt!

MEIN NEFFE: Warum?

ICH: Weil wir in dieser irrsinnigen Welt leben, in der wir um jeden Krümel kämpfen müssen, und in der ich ständig Angst hab, dass die ganze Welt an mir vorbeizieht, wenn ich nur einen Augenblick den Fuß vom Gas nehme. Die Welt dreht sich derart rasch, derart chaotisch, derart unerbittlich schnell, sie droht uns jeden Augenblick niederzumähen oder zu überholen. Also werde auch ich schneller! Ich fahre das Rennen mit! Ich weiß, es ist ungesund, es ist falsch, aber ich kann nicht auf die Bremse treten! Darum habe ich die Schule angesteckt! Darum schiebe ich alles auf die Mongolen und die Weltbank und den IWF und Robert Mugabe und Cecil Rhodes und Immanuel Kant und Freud und Maslow und Chomsky und deine Mutter! Aber es liegt an *mir*. Ausschließlich an mir! Und *darum* wollte ich, dass du dich anschnallst, weil ich mir selbst nicht über den Weg traue, weil ich nicht glaube, dass ich langsam genug fahren kann, um einen Unfall zu vermeiden. Der »Sicherheitsgurt« ist bloß ein schwaches Pflaster auf meinem fahrlässigen Leben!

MEIN NEFFE: Warum?

ICH: Weil ich kaputt bin. Ich leide Schmerzen! Und ich werde nie wieder gesund. Nicht ohne echte Hilfe. Kannst du dich also bitte anschnallen! Nur jetzt mal eben?

MEIN NEFFE: Okay.

ICH: Danke, kleiner Freund. Vielen Dank.

III.
GESCHICHTE

Männer und Tanzen

Squaw: Häuptling, unser Stamm verhungert! Es hat keinen Regen gegeben! Auf den Feldern kann nichts wachsen!

Häuptling: Die Regengötter haben all mein Flehen ignoriert.

Squaw: Das liegt nur daran, dass du nicht auf die richtige Weise flehst.

Häuptling: Ich wollte noch ein Schaf opfern, aber du drehst ja immer gleich durch, wenn Blut fließt.

Squaw: Wir brauchen nicht noch ein totes Schaf; die einzige Lösung für unsere Hungersnot ist der heilige Regentanz.

Häuptling: Die *einzige* Lösung?

Squaw: Jawohl. Du musst den Regentanz tanzen, sonst werden wir alle den Hungertod sterben.

Häuptling: Okay, dann gehe ich mal in den Wald und tanze den Regentanz.

Squaw: Nein, um die Regengötter gnädig zu stimmen, musst du vor dem ganzen Stamm tanzen, und wir müssen auf dich zeigen und dich auslachen, wie es seit jeher Brauch ist.

Häuptling: Weißt du, wer ein richtig guter Tänzer ist? Zwei-Hunde-die-unbefangen-über-neue-Horizonte-tänzeln. Zwei-Hunde würde bestimmt einen tollen Regentanz hinlegen.

Squaw: Nein, Häuptling, du musst es machen.

Häuptling: Und was ist mit Bärenfleisch? Ich könnte noch ein paar Bären jagen.

Squaw: Wir haben genug Bärenfleisch für zehn Monde. Was wir brauchen, ist Regen!

Häuptling: Ich habe verstanden. Ich habe voll und ganz verstanden. Pass auf: Du wartest hier. Ich gehe nur mal rasch in den Wald und schaue nach, ob nicht noch mehr Bären da sind, dann gucke ich bei Zwei-Hunde vorbei, und dann komme ich gleich wieder und ziehe die Sache mit dem Tanz durch.

Ratgeber des Königs: Der König verlangt eine Vorstellung.

Hofnarr: Super. Was hätte er denn gern? Ich könnte die Nummer mit dem Burggraben bringen.

Ratgeber des Königs: Nein, der König würde gern einen Tanz sehen.

Hofnarr: Sicher? Er steht total auf Burggrabenwitze. Du weißt schon: Wie nennt man einen Burggraben im Winter? Nutzlos. Kapiert?

Ratgeber des Königs: Ja, weil er zugefroren ist.

Hofnarr: Oder den hier: Wie viele Krokodile braucht man, um einen eindringenden Hunnen aufzuhalten? Einunddreißig. Eins, um den Hunnen zu töten, und dreißig, um den Gestank loszuwerden.

Ratgeber des Königs: Stimmt, weil Hunnen stinken. Kapiert. Aber das wird diesmal nicht hinhauen. Der König verlangt einen Tanz.

Hofnarr: Und was passiert, wenn ich nicht tanze?

Ratgeber des Königs: Wenn du nicht tanzt, hat Seine Hoheit angeordnet, wird dein Leib zu seiner Unterhaltung langsam in Stücke gerissen.

Hofnarr: Verstehe.

Ratgeber des Königs: Ja, das wäre ein langsamer, aber rasend komischer Tod.

Hofnarr: Gut … vielleicht bringe ich die Burggrabennummer zum *Einstieg*.

Demonstrantin: He, Bruder, bereit für die große Protestdemo?

Demonstrant: Logo! Wie ist der Plan?

Demonstrantin: Wir nehmen alle LSD und protestieren auf der Washington Mall gegen den Vietnamkrieg.

Demonstrant: Toll! Endlich werden die Schweine in Washington begreifen, wie verwerflich es ist, dass wir diesem armen asiatischen Land unsere hegemoniale kapitalistische Ideologie aufpfropfen wollen!

Demonstrantin: Haargenau! Also, leg dir einen Trip unter die Zunge, damit wir anfangen können zu tanzen.

Demonstrant: Wie bitte?

DEMONSTRANTIN: Du hast doch wohl keine Angst vor ein bisschen LSD, oder?

DEMONSTRANT: Nein! Nein, ganz und gar nicht. Mit LSD hab ich absolut kein Problem. Aber hast du tanzen gesagt?

DEMONSTRANTIN: Klar. Das ist unser Protest. Wir lassen unsere Körper auf der Washington Mall von der Leine und schleudern alles ungehemmt herum als Statement gegen den Krieg.

DEMONSTRANT: Ah. Na, das klingt ja spaßig. Aber um mal kurz den Advocatus Diaboli zu spielen, meinst du wirklich, dass wir alle anderen Möglichkeiten ausgeschöpft haben? Habt ihr mal darüber nachgedacht, Transparente zu malen?

DEMONSTRANTIN: Das bringt doch nix! Wir müssen den Falken in der Hauptstadt eine echte Botschaft senden, da passt das gute alte unbefangene Tanzen am allerbesten.

DEMONSTRANT: Klar, sicher. Aber habt ihr den Krieg auch von jeder Seite aus betrachtet? Ich meine, so eindeutig ist das alles nicht. Macht ihr euch keine Gedanken über den Dominoeffekt?

DEMONSTRANTIN: Dominoeffekt?

DEMONSTRANT: Ja. Nehmen wir mal an, wir ziehen uns aus Vietnam zurück, alle gehen nach Hause, ein winzig kleines Land wird kommunistisch, keine große Sache. Aber dann wird plötzlich auch Laos kommunistisch, dann Indonesien und Indien und China, und plötzlich klopft Karl Marx an deine Tür, drückt dir ein rotes Buch in die Hand und fordert dich auf, in seiner Schuhfabrik zu arbeiten.

QUARTERBACK: Super gefangen, Kleiner! Dein erster Touchdown! Und jetzt mach dein Ding!

WIDE RECEIVER: Mein Ding? Was soll das heißen?

QUARTERBACK: Deinen Tanz.

WIDE RECEIVER: Ach so … so was mache ich nicht.

QUARTERBACK: Wenn du einen Touchdown machst, musst du einen Tanz hinlegen.

TIGHT END: Yeah, machen wir alle.

RUNNING BACK: Ich hab meinen heute Morgen erst geprobt, falls ich heute einen Touchdown schaffe.

WIDE RECEIVER: Du hast ihn *geprobt?*

RUNNING BACK: Na klar. Unsere Touchdown-Tänze bestehen alle aus komplizierten Moves.

TIGHT END: Und die Tänze sind zwar alle unterschiedlich, doch unsere vollkommene Unbefangenheit, die eint sie.

WIDE RECEIVER: Ich hab eigentlich immer gedacht, dass der Tanz freiwillig ist.

RUNNING BACK: Nein, der ist Pflicht. Vor allem bei einem Spiel, das landesweit übertragen wird.

TIGHT END: Genau, wo also alle Mädchen aus deiner Highschool zugucken.

RUNNING BACK: Ja, und Seth Neddermeyer, der dich immer fertiggemacht hat, bevor du deinen Wachstumsschub hattest. Der wird dich auch tanzen sehen.

WIDE RECEIVER: Vielleicht könnte ich einfach den Ball auf den Boden schmettern.

OFFENSIVE LINEMAN: Ich hab mir gerade für dich die Schulter ausgekugelt! Zeig uns deinen Tanz!

WIDE RECEIVER: Kann ich den Moonwalk machen? Macht man heute noch den Moonwalk?

QUARTERBACK: Nein, du musst einen *ganz eigenen* Tanz vorführen.

WIDE RECEIVER: Wisst ihr was, ich glaub, mein Fuß war auf der Seitenlinie. Der Touchdown ist gar nicht gültig. Ich glaub, ich bin bei der Zwanzig-Yard-Linie übergetreten. Wir sollten uns noch mal die Videoaufzeichnung anschauen.

LETZTE GESPRÄCHE IN POMPEJI

GELIEBTE: Halt! Runter von mir!

MANN: Was ist denn los?

GELIEBTE: Ich kann so nicht weitermachen!

MANN: So geht das immer, sobald du auch nur ansatzweise in Fahrt gekommen bist.

GELIEBTE: Es fühlt sich einfach schmutzig an. Sich jede Woche hier zu treffen.

MANN: Schmutzig?! Das hier ist eine der schönsten Villen im Schatten des Vesuvs!

GELIEBTE: Und ich habe ständig Angst, dass uns jemand aufspürt.

MANN: Was redest du denn da? Die Stadt ist so gut wie leer. Du weißt doch, dass die Samniten um diese Jahreszeit alle an den Sarno reisen.

GELIEBTE: Mit mir würdest du nie an den Sarno gehen.

MANN: Du wohnst in einem ganz anderen Ort! Das sind sechs Tage Fußmarsch, die Pausen für die Viehkastration noch nicht eingerechnet!

GELIEBTE: Aber mit deiner Frau würdest du hingehen.

MANN: Lass Debbie aus dem Spiel.

GELIEBTE: Du hast gesagt, du würdest ihr von uns erzählen.

MANN: Werde ich auch! Es passt nur gerade nicht.

GELIEBTE: Und wann passt es denn? In sechs Monaten? In einem Jahr?

MANN: Können wir uns nicht einfach nur genießen? Wir haben so wenig Zeit miteinander.

GELIEBTE: Wie soll ich dich genießen, wenn sie jeden Augenblick hier hereinplatzen könnte?

MANN: Entspann dich. Wir sind ganz und gar allein. Hier würde in tausend Jahren niemand hereinplatzen.

KÜNSTLER: Ich stecke fest.

MUSE: Was redest du denn da?

KÜNSTLER: Ich kriege seit Monaten nichts mehr zustande.

MUSE: Du hast doch gerade erst dieses tolle Fresko mit den Rindern und dem Phallus gemalt. Das fanden alle umwerfend.

KÜNSTLER: Das hat doch kein Mensch gesehen. Wenn das so weitergeht, kriege ich nicht mal mehr in Umbrien eine Galerieausstellung.

MUSE: Bist du neidisch auf Augusto?

KÜNSTLER: Hier geht's nicht um Augusto. Hier geht es um mich und meine Starre.

MUSE: Vergiss nicht, wie fantastisch alle deine Traubenskulptur fanden.

KÜNSTLER: Das war vor ungefähr drei Jahren.

MUSE: Aber da warst du deiner Zeit voraus! Wer sonst wäre darauf gekommen, für die Oberflächentextur Lammhirn zu verwenden?

KÜNSTLER *spöttisch*: Augusto ganz bestimmt nicht.

MUSE: Ganz genau! Du bist ein Pionier!

KÜNSTLER: Augusto hätte wahrscheinlich Eunuchenleber genommen.

MUSE: So vorhersehbar.

KÜNSTLER: Oder Kalbsohr.

MUSE: So vorgestrig.

KÜNSTLER: Ich habe das Gefühl, im falschen Jahrtausend geboren zu sein. Dass die Leute mich jetzt noch gar nicht richtig würdigen können.

MUSE: Das sag ich doch die ganze Zeit! Du bist ein progressiver Reformer, der mitten in der Gegenreformation steckt.

KÜNSTLER: Meine Sachen sind zu radikal für die Gegenreformation!

MUSE: In tausend Jahren wird das hier dein Museum sein.

KÜNSTLER: Meinst du wirklich?

MUSE: Auf jeden Fall. Die Leute werden von überallher kommen und sich deine Werke anschauen. Sie werden Landengen überqueren! Sie werden in Aden Schiffe kapern, nur um deine Lammhirntrauben zu sehen. Du wirst Pompeji berühmt machen.

KÜNSTLER: Und Augusto wird immer noch in Nuceria herumkrebsen.

MUSE: Genau! Aber lass Augusto mal beiseite.

1. Gefangener: He, Mann, wach auf. Wir brechen aus.

2. Gefangener: Was?

1. Gefangener: Das Kind vom Wächter hat die Pest. Die Luft ist rein. Erzähl mir nicht, du hast kalte Füße gekriegt.

2. Gefangener: Ich denk, ich werd wohl hierbleiben.

1. Gefangener: Du willst im Gefängnis bleiben?

2. Gefangener: Sind doch sowieso bloß noch drei Monate übrig. Wir sollten einfach unsre Schuld begleichen; ich meine, wir hätten diese Ziegen echt nicht umstoßen sollen.

1. Gefangener: Willst du mir etwa erzählen, dass es dir hier drin gefällt?

2. Gefangener: Irgendwie schon. Ich hab ein paar nette Leute kennengelernt und einen guten Job in der Gefängnisbibliothek, wo ich mich um die Bücher kümmere.

1. Gefangener: Also, ich hau hier ab. Heut Nacht noch!

2. Gefangener: Dann wirst du dich in Pompeji den Rest deines Lebens angstvoll umschauen.

1. Gefangener: Nein, ich schwirre komplett aus Pompeji ab.

2. Gefangener: Du willst Pompeji verlassen?

1. Gefangener: Ich hab die Schnauze voll von der Stadt. Ich hab Träume, Mann. Ich will die Küste rauf, mich in eine Babylonierin verlieben und sie dann steinigen, wenn sie menstruiert.

2. Gefangener: Klingt in der Tat nicht übel. Aber ich glaub, ich werde lieber meine Zeit hier absitzen und danach ein entspanntes Leben in Pompeji führen. Vielleicht benachteiligten Jugendlichen Latein beibringen. Du weißt schon, ein bisschen was zurückgeben.

1. GEFANGENER: Na, war schön, dich kennenzulernen, Bruder.

2. GEFANGENER: Wir sehn uns draußen.

EHEFRAU: Kannst du bitte mal stillsitzen?

EHEMANN: Mach ich doch.

EHEFRAU: Nein, du guckst die ganze Zeit heimlich durch dein Fernglas.

EHEMANN: Ich will nur sehen, ob die Kinder auch im Bett liegen.

EHEFRAU: Nein, ich merke doch, dass du auf die andere Talseite schaust.

EHEMANN: Na ja, die Endrunde der Bärenhatz geht heute Abend los.

EHEFRAU: Und du wirst das Ergebnis erfahren, sobald wir zu Hause sind. Jetzt konzentrier dich bitte auf die Bühne.

EHEMANN: Versuch ich ja, aber das ist buchstäblich mein schlimmster Alptraum: drei Stunden lang hier festsitzen und zuschauen müssen, wie Männer in Satyrkostümen herumtänzeln.

EHEFRAU: Mit mir hier zu sitzen ist dein schlimmster Alptraum?

EHEMANN: Nein! Ich bin sehr gern mit dir zusammen. Ich meinte nur die Satyrn. Ist diese Aufführung überhaupt auf Oskisch? Ich verstehe kein Wort.

EHEFRAU: Claudius nimmt seine Frau jede Woche mit zum Hymnensingen.

EHEMANN: Dann solltest du vielleicht mit den beiden mitgehen.

EHEFRAU: Und mich wie ein drittes Rad am Ochsenkarren fühlen? Nein danke!

EHEMANN: Kommt mir so vor, als ob das hier niemals enden wird.

EHEFRAU: Sei froh, dass wir nicht bei Flaccus' Pantomime sitzen. In drei Stunden ist alles vorbei.

1. METEOROLOGE: Ist dir in letzter Zeit irgendwas Eigenartiges aufgefallen?

2. METEOROLOGE: Eigenartiges?

1. METEOROLOGE: Ja, ich weiß auch nicht. Ich finde bloß, das Wetter ist in letzter Zeit irgendwie unheimlich ruhig.

2. METEOROLOGE: Und wie sieht die Vorhersage fürs Wochenende aus? Hast du schon nach deinem Blatt geschaut?

1. METEOROLOGE: Ja, der Wind weht immer noch Richtung Capri.

2. METEOROLOGE: Dann ist doch alles bestens. Du fühlst dich bestimmt bloß von Titus unter Druck gesetzt, dir irgendwelche verrückten Geschichten auszudenken, damit die Zuschauerzahlen nach oben gehn.

1. METEOROLOGE: Ach, komm. Das würd ich niemals nicht tun.

2. METEOROLOGE: Ich behaupte ja nicht, dass du es absichtlich tust. Aber weißt du noch letztes Jahr, als du gesagt hast, es würde Frösche vom Himmel regnen? So was machst du immer, wenn die Quoten erhoben werden.

1. METEOROLOGE: Ehrlich?

2. METEOROLOGE: Ja, ehrlich! Alles ist gut! Sieh nur! Die Sonne scheint. Wir sind in Pompeji, dem sichersten Städtchen diesseits von Herculaneum.

1. METEOROLOGE: Vielleicht hast du Recht.

2. METEOROLOGE: Natürlich habe ich Recht.

1. METEOROLOGE: Manchmal stelle ich mir vor, dass ich ins Amphitheater renne und allen erzähle, Pompeji müsse sofort evakuiert werden, weil gleich ein irrer Regen aus Asche und Bimsstein vom Himmel stürzen und uns alle unter sich begraben wird!

2. METEOROLOGE: Damit würdest du bestimmt eine Quote von acht oder neun Prozent kriegen.

1. METEOROLOGE: Mindestens acht oder neun!

2. METEOROLOGE: Aber wäre das rechtens?

1. METEOROLOGE: Wahrscheinlich nicht.

2. METEOROLOGE: Also gut. Und jetzt lehnen wir uns zurück, gönnen uns ein bisschen fermentiertes Ziegenelixier und schauen uns an, wie die Sonne hinter dem friedlichen Vesuv untergeht.

DIE ERSTEN FÜNF TELEFONATE DES ALEXANDER GRAHAM BELL

10. März 1876

ALEXANDER GRAHAM BELL: Watson, komm her! Ich will dich unbedingt sehen!

11. März 1876

ALEXANDER GRAHAM BELL: Hallo, Watson, *rate mal, wer dran ist?* Genau, ich bin's, Aleck. Woher wusstest du das? Aber ich hab doch meine Stimme verstellt! Hast du letzte Nacht geschlafen? Ich auch nicht! Ich war so aufgedreht, weil die Sache mit dem Telefon funktioniert hat. Genau! Ich wollte dich auch unbedingt anrufen, aber ich dachte mir, du schläfst bestimmt schon. Hast du schon jemandem davon erzählt? Nein, ich auch nicht. Nur Mabel wollte ich es vielleicht erzählen. Ich wette, sie fände das interessant. Okay, alles klar. Aber wenn du später noch wach bist, ruf mich an. Egal, wie spät es ist. Cool. Also … legst du jetzt auf? Nein, du zuerst. Nein, *du!* Okay, wir legen gleichzeitig auf. Fertig? Bei drei. Eins. Zwei. Drei. Bist du noch dran? Ja, ich auch. Okay, diesmal lege ich wirklich auf. Eins. Zwei. Drei. Hallo?

12. März 1876

Alexander Graham Bell: Hey, Watson, wie geht's so? Nichts. Ich sitz hier bloß rum. Und du? Cool. Hey, ich hatte eine schräge Idee. Sag Bescheid, wenn es sich zu krass anhört. Also, du weißt ja, ich hab ein Telefon, und du hast ein Telefon, richtig? Meinst du nicht, es wäre cooler, wenn noch mehr Leute Telefone hätten? Keine Ahnung, Mabel zum Beispiel. Ich glaub einfach, das würde ihr gefallen. Was? Nein, nicht *sie* gefällt *mir*, ich glaub, das *Telefon* würde *ihr* gefallen. Nein, ich bin überhaupt nicht *total vernarrt* in sie. Ich fände das einfach nur ein cooles Experiment – herausfinden, ob es auch in ihrem Haus funktioniert. Darum dachte ich, wir könnten sie damit überraschen, verstehst du? Also, du könntest das Telefon bei ihr zu Hause verstecken, und dann könnte ich sie anrufen, und sie würde es klingeln hören und gar nicht wissen, was das ist, und dann würde sie den Hörer abnehmen, und ich wäre dran und würde sagen: »Hallo, Mabel, hier ist Aleck, ich rufe von zu Hause an, ein paar Häuser weiter«, und dann wäre sie total beeindruckt – nicht dass ich sie unbedingt beeindrucken will –, und dann wüssten wir, ob's funktioniert. Darum habe ich mir überlegt, wenn du zu ihr gehen und das Telefon ins Haus schmuggeln könntest, das wär toll. Du könntest zum Beispiel ganz lässig an ihre Haustür klopfen und so tun, als würdest du Blumen überbringen wollen. Oder eine Umfrage über Seuchen in ihrem Viertel machen wollen – irgendwas ganz Beiläufiges. Aber mich erwähnst du nicht! Cool, danke, Watson. Du bist echt der Beste! Sie wird total beeindruckt sein. Was? Nein, ich meine, von der *Erfindung*. Sie wird von der *Erfindung* beeindruckt sein. Cool, bis dann.

15. März 1876

ALEXANDER GRAHAM BELL: Hallo, ich bin's. Nichts. Was? Nein, ich hab grade zu Abend gegessen. Nein, ich rede nicht undeutlich. Tu ich nicht. Und *ich* glaube, *du* bist betrunken! Mir geht's bestens. Dann hab ich eben einen Schluck Wein getrunken, na und? Halt die Klappe! Ich bin gerade überhaupt nicht in der Stimmung für so was, okay? Hast du irgendwas von Mabel gehört? Ich versuche sie schon den ganzen Tag anzurufen, aber sie geht nicht ran! Ja, natürlich hab ich die richtige Nummer gewählt – die 2! Mach dich nicht über mich lustig! Wahrscheinlich hast du die Stimmzungen falsch im Gehäuse befestigt. Ich sag ja gar nicht, dass du's mit Absicht getan hast, aber es kommt mir doch ein bisschen komisch vor, dass sie nicht abnimmt. Mehr sag ich ja gar nicht. Ich werfe dir überhaupt nichts vor, aber ich habe bemerkt, wie du sie anschaust. Ach was, das hab ich mir alles ausgedacht, ja? Alles erfunden? Der große Erfinder? Ich erfinde so was? Als du ihr zum Beispiel gesagt hast, dass dir ihr Kleid gefällt? Hab ich das erfunden? Oder als du den ganzen Weg bis zu Strawbridge's auf dem *Bürgersteig* neben ihr hergelaufen bist? Vielleicht sollte ich mir diese Vision patentieren lassen! Ah! Jetzt bin ich erzürnt! Am liebsten würde ich auflegen, bevor wir das Gespräch beendet haben. Das mein ich ernst! Das werde ich jetzt tun. Ich werde den Hörer auflegen, obwohl wir noch gar nicht fertig sind!

21. März 1876

ALEXANDER GRAHAM BELL: Hey, Watson, hier ist Aleck. Wie geht's dir? Mir? Ganz gut. Also ... tja, ich wollte mich eigentlich bloß entschuldigen für meinen Anruf letzte Woche. Ich hätte nicht behaupten dürfen, dass du betrunken bist. Das war dumm. Und ich glaube, ich war auch gar nicht wirklich sauer auf dich. Ich war eher sauer auf ... auf die ganze *Situation*, verstehst du? Und das hab ich an dir ausgelassen, was total kindisch war. Na ja, wie dem auch sei ... Wie geht's dir? Das ist gut, das ist gut. Ja, nein, ansonsten geht es mir auch ganz gut. Ich hatte eine Idee für eine neue Erfindung, aber ich glaub, die hat schon jemand gemacht. So ein Löffel mit Rillen. Egal. War sowieso eine blöde Idee. Nein, von Mabel hab ich nichts gehört. Ich steh auch gar nicht besonders auf sie. Sie ist irgendwie ziemlich egozentrisch, weißt du? Sie dreht jedes Gespräch so, dass es um sie geht. Ich glaube, ich war bloß in meine *Vorstellung* von ihr verliebt, weißt du? Jedenfalls bin ich tatsächlich ein bisschen einsam. Ich höre mich echt deprimiert an, oder? Watson, meinst du, du könntest herkommen? Ich will dich unbedingt sehen.

SOZIALISTENWITZE

Wie viele Sozialisten braucht man, um eine Glühbirne einzuschrauben?
Zwei. Einen, der die Glühbirne einschraubt, und einen, der sich über die Laissez-faire-Politik Milton Friedmans beklagt.

Warum ist der Sozialist über die Straße gegangen?
Um zum sozialistischen Sit-in auf der anderen Straßenseite zu gelangen.

Kommt ein Sozialist in eine Bar und fragt den Barkeeper, ob er gewerkschaftlich organisiert ist.

Was ist grün und arbeitet an der Schaffung einer egalitären Gesellschaft? Ein Sozialist am St. Patrick's Day.

Was kriegt man, wenn man einen Marxisten mit einem Sozialisten kreuzt?
Zwei Menschen, die im Allgemeinen der Ansicht sind, dass der Wert einer Ware sich nach der zu ihrer Hervorbringung notwendigen Arbeitszeit bemisst.

Was sagt der eine Sozialist zum anderen?
Wie du befürworte ich eine proletarische Revolution, die im kollektiven Eigentum der Produktionsmittel kulminiert.

Was ist der Unterschied zwischen einem Sozialisten und einem Keynesianer?
Es gibt mehrere Unterschiede, unter anderen, aber nicht ausschließlich, die folgenden:
Der Sozialist glaubt, dass die Arbeiter im Besitz der Produktionsmittel sein sollten, während der Keynesianer für den Privatbesitz der Produktionsmittel eintritt. Der Sozialist glaubt, dass die Zentralregierung nach der proletarischen Revolution letztendlich verschwinden wird, während der Keynesianer stärkere Regierungseingriffe befürwortet, um für Vollbeschäftigung zu sorgen. Und schließlich würde der Sozialist nicht zur Büroparty des Keynesianers eingeladen werden, weil der Keynesianer weiß, was für einen Aufstand der Sozialist wegen der Anordnung der Arbeitsplätze in seinem Großraumbüro machen würde.

Wie holt man einen einarmigen Sozialisten vom Baum?
Man bittet zwei gewerkschaftlich organisierte Lastwa-

genfahrer, drei ebenfalls gewerkschaftlich organisierte Gerüstbauer mit von der Feuerwehrgewerkschaft genehmigten Steigleitern zum Baum zu fahren und dem einarmigen Sozialisten herunterzuhelfen.

Die Mutter des Sozialisten ist derart fett – wenn sie die soziale Umwälzung anstrebt, dann wälzt sie sich tatsächlich um.

Ein Priester, ein Rabbi und ein Sozialist sitzen in einem abstürzenden Flugzeug, in dem es nur zwei Fallschirme gibt. Der Priester sagt: »Ich habe immer Jesu Worte befolgt, darum sollte ich einen der Fallschirme bekommen.« Der Rabbi sagt: »Ich habe das Flugzeug gechartert, darum sollte ich einen der Fallschirme bekommen.« Der Sozialist sagt: »Normalerweise würde ich dafür eintreten, dass diese Fallschirme entsprechend den Fähigkeiten und Bedürfnissen verteilt werden, aber ich habe Angst vor dem Sterben, darum hätte ich gern einen der Fallschirme, bitte.«

IV.

MEINE MITBEWOHNERIN HAT MEINE NUDELSUPPE GEKLAUT

BRIEFE EINER FRUSTRIERTEN ERSTSEMESTERSTUDENTIN

16. September

Liebe Miss Rita,

Sie haben bestimmt gedacht, Sie hören nie wieder was von mir, oder? Aber hier bin ich! Ich weiß, wir haben seit meinem vorletzten Schuljahr nicht mehr miteinander geredet[1], aber ich bin *derart* verzweifelt, und Sie sind der einzige Mensch, an den ich mich wenden kann. Ach ja, ich sollte Ihnen vielleicht noch sagen, dass ich gerade einen Kurs Kreatives Schreiben besuche, in dem wir lernen, wie man Fußnoten verwendet[2], und ich habe Ihnen so viel geschrieben, dass ich mir dachte, ich füge besser ein paar Fußnoten ein, um ein paar meiner Bemerkungen zu erläutern.

---

[1] Strenggenommen sind Sie also nicht mehr meine Vertrauenslehrerin, ich bin ja kein Junior mehr.

[2] Das sind die hier.

Also, zurück zu meinem Problem. Ich bin jetzt seit zwei Wochen an der Uni, und das war die bisher schlimmste Zeit meines Lebens. Ich bin so unfassbar deprimiert! Noch schlimmer als in meinem Junior-Jahr, wenn Sie das glauben mögen!

Ich weiß, das kommt jetzt ziemlich schräg, dass ich Ihnen schreibe, und wahrscheinlich denken Sie: »Wer zum Teufel ist *das* denn?«, aber wenn ich niemandem erzähle, was hier vorgeht, dann explodiert mir der Schädel, glaube ich[3].

Was ich Ihnen noch nicht erzählt habe: Ich bin bei keiner meiner Favoriten-Unis angenommen worden und *auch nicht* bei den meisten meiner zweiten Wahl, weshalb ich jetzt auf ein College in *The Middle of Fucking Nowhere, Missouri* gehe[4], bloß weil meine Eltern meinten, es sei »gut für mich«, mein Zuhause zu verlassen und »einen anderen Landesteil zu erkunden«.[5]

Ich hasse dieses Dreckskaff von ganzem Herzen. Es ist echt so, als ob die Regierung der USA eine ganz normale Stadt gebaut und dann draufgeschissen hätte. Es ist schwer zu beschreiben, aber St. Louis sieht wirklich wie Scheiße aus, wie Fäkalien, so als ob man auf alles in der Stadt eine dünne Schicht Exkrement geschmiert hätte, und als ob ihre beste Zeit so ungefähr vor vierzig Jahren war, während der Weltwirtschaftskrise[6]. Ich vermisse New York so schrecklich arg!

---

[3] Ganz wörtlich. Ich habe tatsächlich Stress-Migräne.
[4] Oder, wie man es in Missouri nennt: St. Louis.
[5] Den beschissenen Teil, nehme ich an.
[6] Es gibt hier tatsächlich eine Bowlingbahn. Kein Scherz.

Aber das Seltsamste an der ganzen Sache ist, dass ich anscheinend die Einzige bin, die an diesem Ort irgendetwas auszusetzen hat. Alle anderen Studenten – und ich meine wirklich *ausnahmslos alle* – finden es hier offenbar ganz klasse. Sie schreiben gute Noten und gehen aus und lächeln und schließen Freundschaften, und ich denke nur so: »Wieso sieht hier eigentlich keiner, in was für einer elend beschissenen Lage wir alle stecken?!«

Und das absolut Schlimmste an dieser Lage ist, dass ich um ein Einzelzimmer[7] gebeten hatte, es aber nur ganz wenige Einzelzimmer gab und mir jetzt eine absolute Zickenmitbewohnerin namens Rebecca Slotnick[8] auf der Pelle hockt.

Die Slutnick ist *eigentlich* ein »netter« Mensch. Sie sagt immer »das Richtige«[9], das schon, aber es hört sich total aufgesetzt an. Mir kommt es vor, als wäre sie bloß nett, damit sie später, wenn es Streit gibt, sagen kann: »Aber ich habe doch *gefragt*, ob die Musik dich stört.« Und dann müsste ich eben sagen: »Ja, hast du wohl.«

Und das geht mich zwar nichts an, aber ganz ehrlich, wenn sie noch keine Essstörung hat, sollte sie sich schleunigst eine zulegen, weil sie echt eine richtig fette Kuh ist.

---

7 Also keine Mitbewohnerin. Weil ich mir nämlich noch nie mit irgendwem ein Zimmer geteilt habe (nicht mal bei Übernachtungspartys, die ich ebenfalls *nie* gemacht habe, wie Sie vielleicht noch wissen).

8 Die ich von nun an als »Die Slutnick« bezeichnen werde, weil sie nämlich so eine Schlampe ist, und wenn Sie das ungehörig und unanständig finden, dann tut es mir leid, aber mir geht es viel besser, wenn ich sie so nenne, also Entschuldigung, Miss Rita ;-)

9 »Ich sehe gerade, du liest, stört dich meine Musik?«

Okay, das bringt mich nun zu meiner aktuellen Beschwerde:

Als ich eingezogen bin, habe ich mit meinen Eltern einen Rieseneinkauf bei Costco gemacht, weil ich im ersten Jahr an der Uni noch kein Auto besitzen darf; also haben wir alles besorgt, was ich in den ersten Wochen brauchen würde.[10] Außerdem haben wir einen Achtzehnerpack Ramen-Nudelsuppen[11] gekauft, die wohl alles andere als gesund sind, mir aber richtig gut schmecken, und sie sind das ideale Essen, wenn man gerade sonst nichts da hat.

Die Slutnick und ich haben ganz verschiedene Stundenpläne, eines Tages war ich also bis abends um halb neun im Seminar, und als ich in mein Zimmer komme, ist die Slutnick fort. Ich stelle einen Becher Wasser in die Mikrowelle, um mir eine Suppe aufzugießen. Dann nehme ich mir eine Schale und stelle fest, dass nur drei Hühnersuppen da sind, obwohl ich genau weiß, dass noch vier übrig waren.

Zuerst dachte ich, jemand wäre ins Zimmer eingebrochen. Also untersuchte ich den Rest des Zimmers, aber ansonsten schien alles unverändert. Und dann wurde mir klar, dass die Slutnick dienstags erst ganz spät Vorlesung hat, dass sie also wahrscheinlich den ganzen Tag hier

---

10 Unter anderem vier Riesenflaschen Pantene Pro-V-Shampoo und Conditioner, jede Menge Ziploc-Plastiktüten, Medikamente gegen Grippe und Erkältung und so, eine Minimikrowelle, megadünne Kleiderbügel, Gatorade Lemon-Lime, Arbeitsmaterialien (Notizblöcke, Ordner etc.). Ich habe bestimmt noch hunderttausend Sachen ausgelassen, aber Sie sehen, was ich meine. *Grundversorgung.*

11 Die in den Styroporschalen; in der Packung sind sechsmal Shrimps, sechsmal Rind und sechsmal Huhn.

im Zimmer herumgehockt ist und sich was in ihre blöde Fresse gestopft hat. Da ist sie wohl von meiner Hühner-Ramen gereizt worden und hat sich die dann auch noch reingegossen.

Als ich begriff, dass die Slutnick meine Ramen geklaut hatte, verlor ich sofort den Appetit. Und in mir zerbrach etwas. Wie wenn eine Frau herausfindet, dass ihr Zahnarzt-Ehemann sie mit seiner Zahnpflegerin betrogen hat.

Und dann bekam ich so eine Panikattacke, wie Sie mir mal eine beschrieben haben. Wo man ganz hastig atmet, aber trotzdem das Gefühl hat, zu ersticken. Und mein Kopf wurde ganz schwindlig, und meine Zehen fühlten sich so an, als würden sie in der Luft hängen, als würde ich an der Dachkante eines wahnsinnig hohen Gebäudes stehen und hinunterschauen.

Also habe ich mich aufs Bett gesetzt und tatsächlich angefangen zu weinen.[12] Ich grub meinen Kopf ins Kissen, und der Rotz floss mir aus der Nase[13], und auf einmal hasste ich die ganze Welt, und es kam mir vor, als sei mein Leben vorbei, als befände ich mich in einer ausweglosen Lage, und mein Leben würde sofort enden. Mein Herz schlug total schnell, aber ich hatte das Gefühl, ich würde sterben.

Dann muss ich wohl eingeschlafen sein, denn meine nächste Erinnerung ist, dass die Slutnick ins Zimmer

---

12 Ich weiß, das ist vielleicht ein bisschen abgedreht, aber ich konnte nichts dagegen tun.

13 Normalerweise fände ich das richtig eklig, Rotz auf dem Kissen zu haben, weil das Waschen hier nämlich echt schwierig ist, aber ich konnte einfach nicht aufhören zu heulen.

kommt und sagt: »Hi, ich hoffe, ich habe dich nicht aufgeweckt.«[14]

Und eine Weile habe ich sie halbwegs ignoriert und so getan, als würde ich lesen. Irgendwann habe ich dann ganz schnell »Nacht« gesagt, um ihr zu zeigen, dass ich stinksauer war, habe meine Lampe ausgeschaltet und bin eingeschlafen.

ABER …

… Scheiße, Mann, am nächsten Tag, Miss Rita …

… erwähnt die Slutnick meine Suppe! Und zwar in ihrer typischen Heuchlerart: »Ich hoffe, es macht dir nichts aus«, sagt sie, »aber ich war gestern total ausgehungert[15] und habe eine von deinen Suppen gegessen.«

Ich hätte am liebsten in ihr dummes Kraushaar-Gesicht geschrien!

Erstens sollte man niemals »Ich hoffe, es macht dir nichts aus« sagen. Wenn man »Ich hoffe, es macht dir nichts aus« sagt, dann heißt das meistens, dass es der betreffenden Person sehr wohl EINE GANZE MENGE AUSMACHT.

Zweitens hatte sie nicht »eine« von meinen Suppen gegessen. Sondern eine *Hühner-Ramen-Suppe*[16]. Das ist ungefähr so, als hätte sie einen Hundertdollarschein aus meinem Portemonnaie genommen und dann gesagt: »Ich

---

14 Und ich dachte: »DOCH, DU HAST MICH AUFGEWECKT!«

15 Achtung, Ironie, fette Kuh!

16 Jeder Mensch weiß, dass Huhn die einzig genießbare Geschmacksrichtung ist. Die Rindersuppe schmeckt nach Bastelpapier, und die Shrimps schmeckt wie ein ungeputztes Arschloch – tut mir leid, aber ist so.

hoffe, du hast nichts dagegen, dass ich *einen* von deinen Scheinen genommen habe.«

Und drittens: FRISS DEIN EIGENES FUTTER, DU SCHLAMPE! Die Slutnick hätte ja selbst mit ihrer fetten Drecksfamilie zu Costco fahren können, und außerdem hat sie tonnenweise zu essen auf ihrer Zimmerseite.[17] Wie kommt sie also darauf, mit ihrem fetten Arsch auf meine Zimmerseite zu watscheln und mit ihrem Schweinerüssel in meinen Sachen rumzuschnüffeln!?!? Bleib auf deiner Scheißseite der Box, MISS PIGGY!!! Grunz, grunz! Da kannst du so viel grunzen, wie du willst, du fette Schlampe!!!

Und dann habe ich der beschissenen Wohnheimbetreuerin auf meiner Etage[18] erzählt, dass die Slutnick eine meiner Suppen geklaut hat, und wissen Sie, was die geantwortet hat? »Ich weiß, die Universität ist eine große Umstellung für dich als Einzelkind[19], aber du wirst lernen müssen zu teilen.« Ich also bloß so: »Fick dich, Janice«, und jetzt reden wir nicht mehr miteinander. Machtgeile Idiotin.

Okay, tut mir echt leid, dass ich so viel fluche und schimpfe, aber ich weiß noch, dass Sie mir früher immer

---

[17] Sie hat dort ungelogen 20 Packungen Teddy-Grahams-Kekse. Scheißbaby. Fettes Scheißbaby.

[18] So eine Zicke namens Janice.

[19] Ich weiß, es heißt immer, Einzelkinder sind verwöhnt und egoistisch, weil sie nie teilen mussten, aber das muss nicht unbedingt stimmen. Man könnte das genauso über Kinder mit *vielen* Geschwistern sagen, weil die vielleicht egoistisch sein *mussten*, um überhaupt irgendwas abzukriegen. Vielleicht können *die* also nicht teilen.

gesagt haben, ich sollte lieber Tagebuch führen, als meine Mutter anzuschreien, wenn ich meine Gefühle rauslassen möchte. Das hat auch eine Weile funktioniert, aber dann bin ich faul geworden und habe wieder mit dem Anschreien angefangen. Vielleicht ist dieser Brief so was wie ein Tagebuch, nur nicht so privat, weil ich das alles irgendeinem Menschen erzählen musste, der mich versteht.[20]

Ich weiß, oberflächlich betrachtet scheint das gar nicht so eine große Sache, es geht ja bloß um eine Suppe oder so. Aber es geht gar nicht wirklich um die Suppe! Wenn es bloß die Suppe wäre, würde ich mir wahrscheinlich einfach sagen: »Was soll's, kaufe ich mir eben eine neue.« Sage ich aber nicht. Ich bin stinkwütend. So richtig. Und das ist Teil eines größeren Problems, nämlich dass ich momentan das Gefühl habe, mein ganzes Leben ist total scheiße, und ich sehe keinen Ausweg, und es kommt mir vor, als würde alles immer schlimmer, und dieser Gedanke – dass alles immer schlimmer wird – ist noch beängstigender, als in einem Kriegsgebiet zu leben oder so was, wo man wenigstens weiß, dass der Krieg irgendwann zu Ende ist.

Okay, ich will Sie mit dem ganzen Brief jetzt nicht komplett runterziehen.[21] Darum will ich Ihnen zum Schluss sagen, dass Sie einen richtig guten Einfluss auf mein Leben hatten, Miss Rita. Ich weiß nicht, ob Sie sich noch erinnern, aber Sie haben mal was zu mir gesagt, das mir sehr viel bedeutet hat, wahrscheinlich erinnern Sie sich nicht, weil Sie so was ständig bei allen möglichen Mädchen ge-

[20] Tut mir leid, dass Sie das sein mussten. ;-)
[21] Zu spät, ich weiß …

macht haben, aber für mich war es das einzig Schöne in einem Jahr voller Elend.

Es war Folgendes:

In meinem Höllenjahr als Junior saß ich eines Tages in Ihrem Büro und heulte Ihnen irgendwas vor.[22] Dann haben Sie mir auf so komische Art[23] die Hand auf den Kopf gelegt und gesagt: »Du verdienst es, glücklich zu sein.«

Und da ist mir irgendwie ein bisschen das Hirn explodiert. Weil mir klar wurde, dass Sie Recht hatten! Dass ich *wirklich* verdiente, glücklich zu sein, aber nicht auf egoistische Art (so als müsste ich *mehr* Glück haben als jemand anderes), sondern eher von wegen: »Ich bin ein Mensch, und es ist in Ordnung, wenn ich ein glücklicher Mensch bin.«

Und dann ist was ganz Seltsames passiert. So ungefähr zwei Wochen später wurde ich wieder ganz deprimiert und beschloss, dass es nur eins gab, was mich aufmuntern konnte, wenn nämlich wieder jemand zu mir sagte: »Du verdienst es, glücklich zu sein.« Aber ich stellte mir selbst so eine schräge Regel auf, dass ich nämlich niemanden *bitten* durfte, das zu sagen. Es musste einfach *passieren.*

Darum versuchte ich dann, jemanden dazu zu *bringen*, indem ich den Lehrern und meinen Eltern komische Fragen stellte, so von wegen: »Was glaubt ihr, was wir alle *verdienen*, so als Spezies?« Aber niemand sprach jemals die Worte »Du verdienst es, glücklich zu sein«, die meisten Leute guckten mich an, als wäre ich verrückt, was ich ja vielleicht auch war.

---

[22] Wie üblich.
[23] Die ich aber ganz toll fand.

Aber ich stellte mir immer vor, wie Sie das noch einmal zu mir sagen würden, Miss Rita, und ich wünschte mir, mit einer Zeitmaschine wieder an den Punkt zu reisen, wo Sie es zum ersten Mal gesagt hatten, damit ich Ihre sanfte Hand auf meinem Kopf spüren und Sie noch einmal sagen hören könnte:

»Du verdienst es, glücklich zu sein.«

Aber egal! Jetzt sollte ich wohl besser Schluss machen, die Slutnick ist gerade reingekommen, und ich muss mein Essen beschützen.[24]

Okay, ich weiß schon, dass dieser Brief total schräg und aus heiterem Himmel daherkommt, Miss Rita, aber ich denke immer an Sie, wenn ich traurig bin.[25]

Und ich glaube, Sie sind vielleicht meine einzige Freundin.

Herzliche Grüße[26]

Harper Jablonski

PS: Die Slutnick hat gerade gesagt: »Darf ich fragen, was du da schreibst?« Und ich so: »Bloß einen Essay für mein Seminar.«[27]

---

[24] Nur ein Witz. Oder auch nicht.

[25] Nicht auf die schlimme Art, von wegen: »Es macht mich traurig, an Sie zu denken!«, sondern: »Es macht mich weniger traurig, wenn ich an Sie denke.«

[26] Eigentlich wollte ich »Alles Liebe« schreiben, aber das wäre komisch. Irgendwie ein bisschen zu schnell!

[27] Dämliche Schlampe. Okay. Jetzt aber wirklich auf Wiedersehen, Miss Rita!

29. September

Liebe Miss Rita,

vielen herzlichen Dank für Ihren Brief! Ich bin so erleichtert, dass Sie geantwortet haben, vor allem weil mir mein Brief so peinlich war, nachdem ich ihn abgeschickt hatte. Ich dachte, vielleicht erinnern Sie sich gar nicht an mich oder hassen mich sogar. Aber Sie erinnern sich *doch* und offenbar hassen Sie mich *nicht*.

Und Ihr Brief war SO nett, wenn auch ein bisschen kurz.[1]

Ich habe Ihren Rat befolgt, netter zu meiner Mitbewohnerin[2] zu sein, aber es hat nicht ganz so funktioniert, wie von mir/Ihnen erhofft.

Also, Sie sagen, anstatt auf die Slutnick »heimlich Hass zu hegen«, sollte ich versuchen, mich auf sie »einzulassen«[3] und sie fragen, ob sie was mit mir unternehmen will.

Das habe ich also gemacht. Sobald ich Ihren Brief zu Ende gelesen hatte[4], habe ich die Slutnick gefragt, ob sie

---

1 Ich weiß, Sie haben mir geraten, mir eine Beratung hier an der Uni zu suchen, aber keine Sorge, das tue ich Ihnen nicht an. Sie haben mich für immer an der Backe!

2 Die Sie zwar immer als »Deine Mitbewohnerin Rebecca« bezeichnen, ich aber von nun an weiterhin »Die Slutnick« nennen werde. Haha!

3 Klingt ein bisschen lesbo, aber ich weiß schon, was Sie meinen.

4 Den ich übrigens vier Mal hintereinander von Anfang bis Ende durchgelesen habe. Besessen, oder?

irgendwas außerhalb unseres Wohnheimzimmers machen wollte, also irgendwas Geselliges.

Und die Slutnick so: »Klar, an was hast du denn gedacht?«

Und ich so: »Egal, was du willst.«

Ich dachte, sie würde irgendwas Normales vorschlagen, einen Kaffee trinken oder zum Mexikaner gehen.

Aber die Slutnick sagt: »Meine Verbindung organisiert so eine Benefizparty, um Geld wegen der Huntington-Krankheit zu sammeln. Du könntest mitkommen und mir helfen!«

Und ehe ich die allerschlimmste Einladung, die ich je bekommen habe, ablehnen konnte, hatte ich schon »Klar, total gern« gesagt.

Okay, spulen wir mal kurz zurück!

Also: Die Slutnick ist in einer Studentinnen-Verbindung, was natürlich bloß eine heuchlerische Methode ist, sich mit anderen fetten Mädchen anzufreunden, denn ohne die Verbindung wäre sie bloß irgendein fettes Mädchen ohne Freundinnen.[5]

TROTZDEM. Ich versuchte, ganz offen zu bleiben, wie Sie mir gesagt hatten. Aber ich musste nicht nur zu dieser bescheuerten *Veranstaltung* gehen, nein, ich musste da auch noch *arbeiten*.

Aber ich dachte einfach die ganze Zeit: »Was würde Miss Rita tun?«[6]

Und ich kam zu dem Schluss, dass Sie mir wahrschein-

---

[5] Und mit Rückenakne.

[6] Gefällt es Ihnen, wie ich Sie mit Jesus gleichsetze??

lich raten würden, zu der Benefizparty zu gehen und ein Lächeln aufzusetzen, auch wenn ich innerlich nicht lächeln würde.

Sie wissen ja, wie schwer es mir fällt, neue Menschen kennenzulernen. Es passiert dann immer so was mit mir, erinnern Sie sich? Ich glaube, dass alle heimlich über mich lachen. Und ich hatte Angst, wenn ich zu dieser Verbindungsparty ginge, würden mich alle für einen Loser halten, weil ich in keiner Verbindung war[7], und das wäre mir so peinlich, und ich würde zu lächeln versuchen, aber eigentlich am liebsten sterben.

Also, die Benefizparty:

Die fand in so einem Club namens The Rotting Tree[8] statt, wo auch Minderjährige reindürfen, und die Verbindung nahm zehn Dollar Eintritt für eine beschissene einheimische Girlband namens 77 Cents, die beschissene pseudofeministische Songs spielte.

Als wir ankamen, war schon ganz schön viel los[9]. Und kaum waren wir drin, wurde die Slutnick ein anderer Mensch[10]. Sie umarmte die ganzen Mädels, eine nach der anderen, quiekte wie eine Idiotin und nannte jede so ganz angestrengt »Schwester«.[11] Und sie versuchte mich immer einzubeziehen, indem sie sagte: »Das hier ist Harper, sie wollte unbedingt mithelfen. TOTAL nett, oder?«

---

[7] Weil die so saudumm sind.

[8] Kein Wunder, dass in St. Louis die Bäume verrotten.

[9] Auch kein Wunder, weil hier nur totale Loser leben, die nichts Besseres zu tun haben.

[10] Allerdings immer noch genauso fett.

[11] Genau: Zwanzig weiße Mädels, die sich gegenseitig »Schwester« nennen, als würden sie in Harlem im Kirchenchor singen.

Die anderen Mädchen umarmten mich[12] und quiekten mich an, und ich versuchte zu lächeln, ehrlich, aber mir war eher nach Weinen zumute, denn je mehr ich umarmt wurde, desto einsamer fühlte ich mich. Weil sich die Umarmungen so unecht oder steif oder nicht warm genug anfühlten oder so. Nicht so wie früher, wenn Sie mich in der Schule umarmten, was sich nicht bloß wie eine Umarmung anfühlte, sondern so, als würden Sie damit alle Schmerzen wegnehmen. Als würden Sie alle Traurigkeit aus meinem Körper raus umarmen.[13] Wenn ich doch wieder in New York sein und von Ihnen umarmt werden könnte! Nur noch eine Umarmung von Miss Rita![14]

Aber egal!

Die Verbindung hatte auch eine Tombola organisiert, und da sollte ich offenbar mitmachen. Ich sollte mit irgendeiner »Schwester« namens Stephanie den armseligen Losern, die Eintritt für 77 Cents bezahlt hatten, Tombolalose verkaufen. Die Slutnick stellt mich also Stephanie vor, und ich so »WOW!«, weil die nämlich eine *riesengroße* knochige Nase hatte.[15]

Und dann rennt die Slutnick weg, um die Band zu begrüßen. Da stehe ich also mit diesem Freak mit dem Riesenzinken, die ich nicht mal kenne, und sofort kriegte ich wieder dieses Panikgefühl, wo mein Herz zu rasen anfängt und ich ganz komisch atme. Riesenzinken sieht

---

[12] Hab mich wahrscheinlich mit Rückenakne angesteckt.

[13] Bitte sagen Sie Bescheid, wenn ich zu abgedreht klinge.

[14] Okay, jetzt höre *ich* mich total lesbo an.

[15] Ich wusste also sofort, dass sie fies sein würde (weil das Leben ihr die Arschkarte – oder eher *Arschnase* – gegeben hatte).

wohl, dass ich Panik kriege, darum sagt sie: »Keine Sorge, ich bin eine echt nette Chefin.«[16]

Aber ich antwortete bloß: »Danke, Steph.«

Dann erklärte Stephanie mir, wie meine demütigende Aufgabe aussehen würde. Ich musste wie ein Volltrottel rumlaufen und den Leuten Lose verkaufen. Ein Los kostete drei Dollar, zwei Lose fünf, und für zwanzig Dollar kriegte man eine Schlange Lose, so lang wie der Arm der betreffenden Person.[17]

Ich kam mir total fehl am Platz vor, ich kannte *keinen Menschen* da, und jetzt musste ich auch noch rumlaufen und nett zu allen sein und versuchen, ihnen irgendeinen Scheiß anzudrehen?

Und um alles noch schlimmer zu machen, fragte Stephanie: »Möchtest du Jocelyn kennenlernen?«

Und ich so: »Wer ist denn Jocelyn?«

Und Stephanie so: »Taryns große Schwester. Sie hat Chorea Huntington. Ihretwegen machen wir das alles hier.«

Und ehe ich die *zweitschlimmste* Einladung, die ich je bekommen habe, ablehnen konnte, hatte ich schon »Klar, sehr gern« gesagt.

---

16 Und ich dachte so: »Du bist überhaupt nicht meine Chefin. Du bist auch bloß eine hässliche Außenseiterin, die zu irgendeiner bescheuerten Verbindung gehört, weil sie zu hässlich ist, von allein Freunde zu finden.«

17 Das war am peinlichsten, weil ich mit den Losen ihren Arm abmessen musste, um zu sehen, wie viel sie kriegen sollten, und außerdem war es sexistisch, weil Männer längere Arme haben als Frauen und darum mehr Lose bekamen. Als ich das bei meiner »Chefin« zur Sprache brachte, war sie verwirrt, weil sie eine Idiotin ist und mein »Anliegen« offensichtlich zu schlau für sie.

Dann kam so eine komische Frau auf uns zugehumpelt.[18]

Stephanie winkte sie her und sagte: »Jocelyn, ich möchte dir Harper vorstellen. Sie ist Beccas Mitbewohnerin und war so freundlich, sich heute Abend als Helferin zur Verfügung zu stellen.«

Darauf stotterte Jocelyn: »V-v-vielen Dank f-f-für[19] deine Hilfe.«

Ich antwortete nicht, weil ich nicht wusste, ob ich irgendwas sagen oder bloß warten sollte, dass sie wieder weggeht.

Dann streckte sie die Hand aus, um meine zu schütteln, aber ihre Hand zitterte so.[20] Das schockte mich so megamäßig, dass ich ihr bloß irgendwie zuwinkte. Ich merkte, dass sie sich schlecht fühlte, weil ich ihr nicht die Hand schütteln wollte, aber ich dachte so: »Hör auf, so unkontrolliert zu zittern, *dann* schüttele ich dir vielleicht die Hand.«[21]

Als Jocelyn endlich wegging, wandte Stephanie sich zu mir und sagte: »Du warst gerade total unfreundlich zu ihr. Sie wird wahrscheinlich bald sterben, und du warst einfach nur total unfreundlich.«

Dann ging Stephanie weg und ließ mich mit meiner Rolle Tombolalose einfach stehen.

---

[18] Richtig geraten. Die bescheuerte Jocelyn.

[19] Bei ihren F-Lauten kam ein bisschen Spucke aus ihrem Mund, der ich auszuweichen versuchte.

[20] Es sah tatsächlich aus, wie wenn jemand zum Werwolf wird und die Knochen unter der Haut knacken und sich bewegen.

[21] Das klingt vielleicht bösartig, aber mal im Ernst, ich wusste ja nicht, ob sie ansteckend ist, oder?

Und da fing ich an zu weinen. Ich bekam Heimweh nach einfach allem, nicht bloß nach meinem Zuhause, sondern nach meiner ganzen Vergangenheit. Ich wünschte, ich wäre in *irgendeinem* anderen Moment meines bisherigen Lebens. Selbst der allerschlimmste Tag in meinem Leben[22] war besser als dieser.

Ich rannte hinter die Bühne und suchte die Slutnick, weil sie das Einzige war, was ich hier kannte. Aber sie war nirgends zu sehen. Und die Band machte sich gerade bereit, auf die Bühne zu gehen.

Ich rannte durch den ganzen Rotting Tree und suchte Slutnick, aber ich konnte sie nicht finden. Also rannte ich immer noch heulend auf die Toilette, weil ich dachte, ich müsste kotzen. Ich legte den Kopf auf die Klobrille und würgte, aber es kam bloß so ein bisschen zähe weiße Spucke raus.

Meine Stirn lag auf der Klobrille, als ich die Band ihren ersten beschissenen Song spielen hörte, so was Lautes und Schnelles und Wütendes, und die Sängerin schrie bloß die ganze Zeit: »Ich stecke fest unter eurer Glasdecke, ich stecke da drin, und ich komme nicht raus!«

Ich atmete ganz hektisch und mein Herz raste im Takt zu ihrem beschissenen Song, während ich zu kotzen versuchte.

Dann rannte ich nach draußen, um frische Luft[23] zu schnappen, und irgendwas überkam mich, und ich beschloss, direkt nach Hause zu laufen. Ich hatte immer

---

[22] Jenny Seiferts sechzehnter Geburtstag, wissen Sie noch?
[23] Was in St. Louis ein Oxymoron ist.

noch die dicke Rolle Lose in der Hand, aber ich rannte und rannte und rannte einfach weiter, bis ich in meinem Zimmer war.

Mir war so elend, ich konnte einfach nicht mehr, und darum tat ich etwas, worüber ich schon seit Monaten nachgedacht hatte.[24]

Vielleicht sollte ich zurückblenden und Ihnen noch was anderes erzählen: Im letzten Sommer wurde mir ein Antidepressivum verschrieben, aber ich habe es gar nicht genommen, weil ich zu viel Angst davor hatte. Ich wusste nicht, was das mit mir anstellen würde, vielleicht würde ich plötzlich total fett werden oder so. Und das Medikament hatte auch so einen komischen Namen, es hieß Lexapro[25], darum habe ich es nie genommen. Aber ich habe die Flasche für alle Fälle ganz unten in meinen Koffer gestopft.

Aber weil es mir so furchtbar elend ging, beschloss ich, nicht mal das Fettsein kann sich so schlimm anfühlen wie das hier.

Also wühlte ich meinen Koffer durch und fand die Flasche. Ich nahm eine der kleinen weißen Pillen und warf sie mir in den Rachen. Weil ich so viel heulte, war mein Mund voll mit Tränen und Schleim[26], weshalb ich sie ganz ohne Wasser schlucken konnte.

Dann holte ich tief Luft und wartete darauf, dass es mir besser ging, rollte mich auf dem Bett zusammen, auf der Decke, immer noch ganz angezogen. Und ich versuchte

---

[24] Keine Sorge, ich habe nicht versucht, mich umzubringen!

[25] Wenn Sie mich fragen, klingt das wie ein fieser Dinosaurier – Tyrannosaurus Lexapro.

[26] Ich weiß, das ist eklig, ich versuche nur, ganz ehrlich zu sein.

einzuschlafen, aber dann passierte was echt Schräges. Mir wurde total schwindlig, und ich fing auf dem Bett an zu zittern. So richtig heftig. Unkontrolliert.

Sofort bereute ich, die Lexapro genommen zu haben, und schwor mir, nie wieder so etwas zu nehmen, weil ich sehr empfindlich auf Medizin reagiere und weil ich davon so abdrehte.

Ich dachte tatsächlich, ich könnte sterben. Von wegen: »Oh. So fühlt es sich also an, bevor man stirbt.«

Das war total verrückt, ich zitterte auf dem Bett, als ob ich erfror, obwohl ich meine Kleider nassschwitzte. Aber mein ganzer Körper bebte und wackelte, und ich überlegte schon, ob es sich wohl genauso anfühlte, wenn man Huntington hatte – wenn man seinen Körper nicht mehr unter Kontrolle hat. Ob Jocelyn sich wohl die ganze Zeit so fühlte. Und dann wünschte ich mir, ich hätte ihr die Hand geschüttelt, weil ich in dem Augenblick auch so sehr wollte, dass mich jemand berührt.

Und ich hätte nie gedacht, dass ich das mal sage, aber ich wünschte mir, die Slutnick würde nach Hause kommen.[27]

Ich weiß nicht, wie viel Zeit verging, aber es fühlte sich an wie Stunden, ehe ich die Tür aufgehen hörte und das unverkennbare Geräusch von Slutnicks aneinanderschleifenden Oberschenkeln.

Das Licht schien mir furchtbar grell ins Gesicht, aber ich war noch nie so erleichtert gewesen. Slutnick sagte: »Harper?«

---

[27] Verwenden Sie das nicht gegen mich!

Und ich sagte: »Ja?«

Und sie so: »Ich habe mir SOLCHE Sorgen um dich gemacht.«

Und ich: »Ehrlich?«

Und sie: »Haben wir alle. Du bist einfach rausgerannt. Geht es dir gut?«[28]

Ich zitterte so heftig, dass ich etwas tat, was ich immer noch nicht fassen kann. Ich sagte: »Kannst du herkommen und mich festhalten?«

Slutnick sagte kein Wort. Sie kam einfach zu meinem Bett, legte sich hin und legte die Arme um mich.

Ich glaube, sie konnte sehen, dass ich weinte, darum sagte sie: »Alles wird gut.«

Ich war ganz kurz davor, sie Slutnick zu nennen, aber ich konnte mich gerade noch zusammenreißen und sagen: »Danke, Becca.«

Und sie sagte: »Alles gut.«

Ich fragte: »Wieso bist du so nett zu mir?«

Und Slutnick sagte: »Wir sind Schwestern.«

Ich fand es zwar komisch, dass sie mich »Schwester« nannte, weil ich a) nicht in ihrer Verbindung war und wir b) keine schwarzen Frauen aus einem Kirchenchor in Harlem waren, aber ich fing trotzdem wieder an zu weinen. Weil ich zum ersten Mal, seit ich an dieser Scheiß-Uni gelandet war, nicht totales Heimweh hatte.

---

[28] Ich hatte gedacht, sie wäre total angepisst, weil ich mit den Losen rausgerannt war. Oder weil ich Stephanie nicht gesagt hatte, dass ich den Rotting Tree verließ. Oder weil ich so unfreundlich zu Jocelyn war, die ja bald sterben würde. War sie aber gar nicht. Sie machte sich bloß *Sorgen* um mich. Seltsam.

Ich kuschelte meine Nase in Slutnicks Speckrollen und dachte: »Nirgendwo wäre ich jetzt lieber.«

Und Slutnick nahm mich noch fester in den Arm – so eine richtig emotionale Umarmung. Sodass ich für immer in ihren Armen bleiben und mein Leben total ändern und genau wie sie werden wollte. Denn obwohl sie eine fette kraushaarige Scheißschlampe ist[29], braucht man manchmal einfach eine Umarmung.

Ich wette, Sie haben damit gerechnet, dass ich diesen Brief mit irgendwas Gemeinem oder Zickigem schließen würde[30], aber ehrlich gesagt fühle ich mich im Augenblick ganz okay.

Ich hoffe, Sie auch, Miss Rita.

Alles Liebe[31]

Harper Jablonski

---

[29] Mit Mundgeruch und Akne überall auf dem Schwabbelrücken.

[30] Noch ist ja Zeit dafür …

[31] Ich hoffe, das ist okay mit der »Liebe«! Ich bin keine Lesbe, Miss Rita! Ich habe bloß jede Menge Gefühle.

5. Oktober

Liebe Miss Rita,

gestern ist es endlich passiert. Gestern habe ich mich verliebt!

Es fing an wie im Märchen!

Leider endete es nicht so.[1]

Ich habe geliebt und verloren. Ich weiß, man sagt: »Besser geliebt und verloren zu haben, als überhaupt nie geliebt«, aber nach dem gestrigen Tag sehe ich das anders, glaube ich.[2]

Und das ist passiert:

Also, gestern saß ich in meiner Makroökonomie-Vorlesung. Die ist morgens, und meistens bin ich ziemlich müde und passe darum nicht immer richtig auf. Außerdem ist es eine superlangweilige Vorlesung, noch dazu gehalten von einer winzig kleinen Inderin mit heftigem indischen Akzent[3] und ohne jeglichen Humor.

Das Problem, an dem wir gerade saßen, ergab überhaupt keinen Sinn – nämlich die Wahl zwischen Kanonen und Butter.[4] Sie fragte uns also, wofür *wir* uns entschei-

---

[1] Es sei denn, es handelt sich um »Rotkäppchen«, weil ich im Grunde von einem Wolf gefressen wurde.

[2] Ich weiß, so einem wichtigen Dichterzitat sollte man nicht widersprechen, aber, Miss Rita, hören Sie sich erst mal an, was mir passiert ist, und urteilen Sie dann.

[3] Als wäre Makroökonomie nicht so schon schwierig genug zu verstehen.

[4] Tut mir leid, wenn ich Sie auch schon einschläfere, Miss R.

den würden, wenn wir einen Staat lenken würden, und warum. Ich meldete mich und sagte: »Ich würde Kanonen wählen, denn mit Kanonen kann man bei den Leuten einmarschieren, die Butter besitzen, und sie ihnen wegnehmen.«

Die Professorin lächelte halb, als hätte ich einen Witz gemacht oder so[5], und dann fragte sie: »Noch jemand?«

Dann hob ein Junge die Hand, der normalerweise sehr still ist, und die Inderin sagte: »Ja, Ryan?«

Und er so: »Ich finde, Harper hat das gut begründet. Wenn man Waffen besitzt, erlangt man damit die Kontrolle über Ressourcen, auch wenn man dafür Gewalt einsetzen muss.«

Dann lächelte die Inderin Ryan an und sagte: »Harper und Ryan würden ein gutes Team bilden, liebe Studierende. Und ihr Argument ist auch nicht ohne historische Vorbilder.«

Und dann redete sie weiter über Kanonen und Butter, und ich tat, was ich normalerweise tue, nämlich sie ausblenden und über wirklich alles Mögliche nachdenken.[6]

Plötzlich geschah etwas sehr Eigenartiges, Miss Rita. Ich fing an, von diesem Jungen zu träumen. Von diesem Ryan.

Ich dachte so: »Vielleicht sind wir ja *echt* ein gutes Team.« Ich hatte ihn mir vorher nie richtig angeschaut,

---

5 Habe ich aber nicht. Und ich halte es immer noch für eine gute Idee.

6 Tut mir leid, wenn das ein bisschen leichtfertig klingt, aber ich habe diese Vorlesung nur unverbindlich belegt, weil ich schon wusste, dass ich nicht besonders gut abschneiden würde.

aber da wir jetzt ein Team waren, fiel mir plötzlich auf, wie toll er eigentlich war.[7]

Und dann spielten meine Gedanken komplett verrückt, Miss Rita. Die Vorlesung dauerte zwei Stunden, und ich glaube, ich war die gesamte restliche Zeit total abgemeldet und habe bloß noch von meinem *Team* mit Ryan geträumt.

Und meine Vagina fing an zu kribbeln! Ich so: »Wow, was ist denn da unten los! Wusste gar nicht, dass du *so was* machst!« Ich dachte, ich würde mich womöglich einpinkeln, aber es fühlte sich wahnsinnig gut an, als würde Strom durch meinen Körper fließen, von meiner Vagina bis zum Herzen!

Und ich musste die ganze Zeit Ryan anstarren, der sich für mich in ein wunderschönes, vollkommenes Wesen verwandelte!

Und während ich da in der Vorlesung saß, Miss Rita, habe ich mir unser gesamtes gemeinsames Leben ausgemalt![8]

---

[7] Okay, jetzt muss ich Ihnen unbedingt erzählen, dass ich *immer* noch keinen Freund hatte, Miss Rita. Sie erinnern sich wahrscheinlich, dass ich als Junior noch Jungfrau war? Und, raten Sie mal – ich bin immer noch Mitglied dieser erlesenen Schwesternschaft ;-) Ich weiß auch nicht warum, ich hätte mich schon eine Million Mal entjungfern lassen können, aber ich habe es eben nie getan. Noch nicht mal richtig geküsst habe ich jemanden, außer einmal in der siebten Klasse, als dieses russische Arschloch namens Alexej mich über den Schulparkplatz gejagt und mich dann auf den Kopf geküsst hat. Aber das fühlte sich eher wie ein Angriff an als wie ein Kuss. :-(Und dann hat er irgendwas auf Russisch gesagt, was sehr hässlich klingt, und dann hat er ein bisschen gelacht, was ebenfalls hässlich klang.

[8] Bitte halten Sie mich nicht für total durchgeknallt!

Erstes Date:
Das wäre romantisch, würde aber NICHT mit zu viel körperlicher Aktivität enden.[9] Ich wäre kokett[10], und wir würden in ein italienisches Restaurant wie Romano's Macaroni Grill[11] gehen, und ich würde etwas ganz Vernünftiges wie Lachs bestellen, das kann man bei einem Date gut essen, weil keine Soße drauf ist und es keine Pasta ist, die man AUF KEINEN FALL bei einem Date essen kann, weil dabei der Mund so bescheuert aussieht und weil Soße drauf ist. Ryan würde wahrscheinlich das Steak nehmen, weil er so männlich ist. Und dann würde er mich nach Hause fahren, und bevor ich aus dem Auto steige, würde er mir die Hand in den Nacken legen, und das würde sich so schön anfühlen, und ich würde genau wissen, was als Nächstes kommen wird.

Und dann würde er sich vorbeugen,[12] und ich würde mich von ihm einmal auf die Lippen küssen lassen. Ein kurzer, knackiger Kuss. Und dann würde er sagen: »Das war ein toller Abend, Harper«, und ich würde bloß lächeln. Kein Wort würde ich sagen! Ich würde nicht »Ich auch« sagen. Ich würde bloß lächeln und mir vielleicht *kokett* auf die Unterlippe beißen, damit er weitergrübelt: »Hat es ihr gefallen? Mag sie mich? *Wer ist sie??*«

---

9 Ich bin nicht prüde, Miss Rita, aber die meisten Typen finden es eklig, wenn man beim ersten Date schon zu viel anstellt.

10 Das bedeutet flirten, ohne nuttig zu sein.

11 Es gibt zwei in St. Louis. Eins ist ein grottiges Loch, und das andere ganz anständig. Wir würden natürlich in das anständige gehen.

12 Ich allerdings würde mich nicht regen, damit ich nicht wie eine Schlampe wirke.

Zweites Date:
Ryan würde mich zu ihm nach Hause einladen, mit seinen Freunden abhängen.[13] Das wäre an einem Sonntagnachmittag. Und ich würde auf dem Sofa sitzen und zugucken, wie die Jungs Computerspiele spielen und Dosenbier trinken.[14] Und irgendwann würde Ry-Ry heimlich seine süße kleine Hand in meine legen. Und dann würden wir die Finger verschränken, und wenn einer seiner Mitbewohner einen blöden Witz machte, würde Ryan mich ansehen und heimlich die Augen verdrehen, und ich würde ebenfalls heimlich die Augen verdrehen. Und dann würde er mich fragen, ob ich ein bisschen spazieren gehen wollte, und dann würden wir rausgehen, immer noch Hand in Hand, und wir würden uns so gut fühlen, weil seine Freunde immer noch Computerspiele spielten und Ryan und mich total cool fänden, weil wir so eine heimliche Beziehung haben und uns heimlich zum Spazierengehen rausschleichen. Dann würde Ryan so was sagen wie: »Ich mag dich wirklich gern.« Und diesmal *würde* ich ihm antworten und sagen: »Ich mag dich auch, Ryan.«[15]

Und dann, nach dem Spaziergang, würden wir wieder ins Haus gehen, aber direkt an seinen Freunden vorbei und rauf in sein Zimmer. Mein Herz würde rasen wie verrückt, weil ich wüsste, was jetzt kommt. Er würde mich

---

[13] Er wohnt wahrscheinlich außerhalb des Campus mit ein paar anderen Typen in einem schäbigen Haus.

[14] TYPISCH Jungs eben. Aber auch irgendwie süß, oder?

[15] Ich würde aber nicht sagen »Ich mag dich *wirklich* gern«. Ich muss nämlich immer noch ein bisschen Geheimnis bewahren. Sonst wäre ich bloß irgendeine billige Schlampe, die Ryan an jeder Straßenecke auflesen könnte.

um die Taille fassen und sich vorbeugen und mich küssen. Dann würden wir aufs Bett fallen und rumknutschen. Und das wäre SO schön. Und dann würde ich mir von ihm an die Brust fassen lassen[16], aber nur ÜBER der Kleidung. Er würde versuchen, die Hand UNTER meine Sachen zu schieben, aber ich würde sagen: »Vielleicht beim nächsten Mal, Mister.«[17]

Drittes Date:
Das dritte Date wäre gar kein richtiges Date, Miss Rita. Sondern eine Abschiedsparty. Für meine Jungfräulichkeit!!! Adieu, Alte!!! Die würde ich Ryan schenken. Er dürfte sie besitzen. Sie wäre sein. Das würde so laufen, dass Ryan mir eines späten Abends eine Nachricht schickt:

RYAN: Was machst du?
ICH: Nix. Chillen.
RYAN: Willst du rüberkommen?
ICH: Klar.

Es würde SO romantisch sein, Miss Rita. Ich würde mich nachts aus dem Wohnheim schleichen, vorbei an der Slutnick, an den ahnungslosen Nachtwächtern, und zu Ryans Haus laufen. Beim Näherkommen würde ich bemerken, dass nur oben in seinem Zimmer noch Licht brennt, wo er mich schon frisch geduscht erwartet.

---

16 Jungs sind anscheinend ganz besessen davon, Brüste anzufassen.
17 Wie cool ist das, bitte??

Ich würde einen Kieselstein ans Fenster werfen. Er würde herunterkommen und mir aufmachen, und ohne ein Wort zu sagen,[18] würden wir Hand in Hand die Treppe hinauf und in sein Zimmer gehen. Und dort würden wir auf seinem Bett rummachen. Und diesmal würde er mir sofort die Hand unters T-Shirt schieben[19] und jeden Teil meines Körpers küssen, Miss Rita!

Und wenn Ryan dann auf mir läge, würde er atemlos fragen: »Ist es okay, wenn ich in dich eindringe, Harper?«, und ich würde genauso atemlos antworten: »Zutritt gestattet, Ryan.«

Und dann würde er mich ficken, rein und raus, so schön, stundenlang, bis ich sein ganzes Bett vollgeblutet hätte, aber ihm wäre das egal, und am nächsten Tag würden wir es gemeinsam waschen und meine Jungfernhaut wegschrubben.

Und nachdem Ryan und ich ein paar Wochen zusammen gewesen wären und jeden Tag miteinander verbracht hätten, würde ich ihm sagen, dass ich meine Tage nicht gekriegt hätte und mich fragte, ob wohl alles in Ordnung sei. Und Ryan würde einfach nur meine Hand nehmen und sagen: »Harper, das habe ich mit Absicht gemacht. Ich will mit dir eine Familie gründen!«

Und dann würden wir zusammenziehen. Ich würde die Slutnick hinter mir lassen und Ryan seine blöden Mitbewohner, und wir würden uns ein hübsches Haus außerhalb des Campus suchen, um unsere Kinder großzuzie-

[18] Es würde keiner weiteren Worte bedürfen.
[19] Und diesmal würde ich ihn LASSEN. Versprochen ist versprochen.

hen. Nach dem Ende des Studiums würde ich zu Hause bleiben und mich um die Kinder kümmern, während Ryan die Karriereleiter erklimmen würde.[20]

Ach, Miss Rita, das wäre so wundervoll! Mein Leben wäre vollkommen!

Wenn es doch nur wahr wäre. In Wirklichkeit lief es so:

Nach der Vorlesung ging ich zu ihm[21] und sagte:

ICH: Hey, Ryan.

RYAN: *sieht aus, als könnte er sich nicht an mich erinnern* Hey ... *weiß offensichtlich meinen Namen nicht*

ICH: Harper ...

RYAN: Ach ja. Harper.

ICH: Hast du nach der Vorlesung irgendwas vor?

RYAN: Du meinst jetzt?

ICH: Äh, ja, klar. *Lache kokett.* Das wäre dann wohl jetzt.

---

[20] Ich weiß, was Sie jetzt denken – wir sind nicht mehr im Jahr 1950, Harper. Aber ich bin Traditionalistin, Miss Rita. Ich möchte mit Ryan ein traditionelles Leben führen. Ist mir egal, dass es nicht progressiv und selbstbestimmt oder was auch immer ist. Ich will mein ganz normales, durchschnittliches amerikanisches Ding mit ihm durchziehen. Ja, ich will einen weißen Lattenzaun! Ja, ich will 2,5 Kinder! Und ja, ich will den Geländewagen und die Waschmaschine mit Trockner und Soße auf meinem Thanksgiving-Truthahn! Mir egal, wenn ich deshalb altmodisch bin. Ich möchte, dass unsere Kinder ihre Mutter *kennen*, ich möchte, dass Ryan sich am Arbeitsplatz wohl fühlt, dass er glaubt, etwas erreicht zu haben. Tut mir leid, Gloria Steinman. Tut mir leid! :-(

[21] In meinem Geist waren wir schon verheiratet, darum habe ich wahrscheinlich sehr schräg auf ihn gewirkt. *Mein Gesicht* sah wahrscheinlich schon aus wie das einer Hausfrau, die ihrem langjährigen Ehemann aus der Haustür entgegenläuft, während *sein Gesicht* aussah wie das eines Jungen, der aus einer Wirtschaftsvorlesung kommt und von einer durchgedrehten Fremden angesprochen wird.

Ryan: Ich muss meine Freundin von der Arbeit abholen. Warum?

Ich: Ach, nichts. Schönen Tag noch. Mach's gut. *Gehe weg.*

Ende der Szene.[22]

Oh, Miss RIIIIITAAAAA! Ich kam mir so bescheuert vor! Was hatte ich mir bloß gedacht! Das war so peinlich. Ich weiß echt nicht, was mir da durch den Kopf gegangen war. Er wusste nicht mal mehr meinen Namen, Miss Rita! Ich bedeutete ihm gar nichts. Gar nichts. Und er hatte eine Freundin!

Das war der Tiefpunkt meines ganzen bisherigen Lebens, Miss Rita. Ich wollte einfach nur tot sein. Aber ganz wörtlich, richtig tot. So im Sarg und am Verwesen und an einer Krankheit gestorben tot.

Und als ich gerade dachte, ich müsste nach Hause gehen und mich umbringen, durchfuhr mich auf einmal ein ganz komisches neues Gefühl.

Als Ryan wegging, wurde mir schlagartig klar, dass ich sowieso gar nicht mit ihm zusammen sein wollte.[23]

Mir fielen plötzlich alle möglichen Gründe ein, wieso ich erleichtert sein konnte, dass ich nicht mehr mit ihm zusammen war. Erstens zog er sich an wie ein beschissener obdachloser Teenager – seine Hose saß viel zu locker und rutschte ihm über die Hüften.[24] Und er hatte schon

---

22 Und Ende des Lebens! Mein Leben hörte einfach so auf. Alles vorbei. Meine Butter hatte sich in eine Kanone verwandelt!

23 Und dass ich *gerade noch mal* davongekommen war.

24 Die hatte er wahrscheinlich in einem Zeitmaschinenladen gekauft!

leichte Geheimratsecken[25], darum schmierte er sich Gel in die Haare und klebte sie nach vorn. Wen willst du damit verarschen, Ryan? Bald bist du ein glatzköpfiges Arschgesicht und wirst wahrscheinlich richtig fett, denn wenn du erst eine Glatze hast, bist du so hässlich, dass niemand dich mehr ficken will, und da kannst du dich genauso von deinem Essen ficken lassen und so richtig eklig schwabbelig werden.

Kaum zu fassen, dass ich *dafür* beinahe alles weggeschmissen hätte. Meine wertvolle Jungfräulichkeit für diesen fetten, kahlen Losertypen von der Müllhalde.

Und seine Freundin *»arbeitet«*? Wie alt soll die denn bitte sein? Wahrscheinlich um die sechzig, so eine Scheißoma mit riesigen Schlabberschlüpfern, die schon so viele Männer flachgelegt hat wie ein altes Hippie-Weib mit blonden Rastalocken und Achselhaaren. Und Ryan hat garantiert lauter Geschlechtskrankheiten an seinem blöden Schwanz, wahrscheinlich sollte ich seine Freundin warnen, aber sie weiß das bestimmt selbst, weil *sie* ja die Nutte ist, von der er sich den ganzen Dreck geholt hat. »Muss meine Freundin von der Arbeit abholen.« Das heißt vermutlich, dass er ins Bordell geht.[26]

Als ich erst mal erkannt hatte, was für ein beschissener Lebenspartner Ryan sein würde, ging es mir gleich *so* viel besser. Ich entspannte mich am ganzen Körper, und ich dachte mir, wie gut, dass ich unser ganzes gemeinsames Leben durchgespielt habe, weil mir dadurch erst

25 Hahahahaha!!! Der wird so eine Glatze kriegen!
26 Weil seine Freundin höchstwahrscheinlich eine Hure ist.

klar wurde, wie SCHRECKLICH es wäre, es tatsächlich mit »Ryan« zu teilen.

Denn es sieht nun mal so aus, Miss Rita, dass manche Leute vom Schicksal dazu bestimmt sind, für immer allein zu bleiben, weil sie einfach zu ekelerregend sind, als dass sich irgendwer in sie verlieben könnte; ich hingegen bin dazu bestimmt, für immer allein zu bleiben, weil ich zu einzigartig und freigeistig bin.[27]

Miss Rita, ich glaube, das nennt man wachsen.[28] Endlich begreife ich, wer ich bin.

I am a woman.

Hear me roar.[29]

Solidarische Grüße

Harper Jablonski[30]

---

[27] Und ich brauche auch keinen *Mann*, um mich komplett zu fühlen. Tut mir leid, Jungs. Ich komme gut allein klar. Ich weiß, wer ich bin und was ich brauche, und es tut mir leid, wenn das die Leute abschreckt. Meine leidenschaftliche Unabhängigkeit. Mein starker Wille. Ich werde eine starke, alleinstehende Frau werden, wie Eleanor Roosevelt oder Janis Joplin. Ich werde allein leben, aber nicht wie eine Lesbe mit Kurzhaarschnitt und Mundgeruch, sondern wie eine schöne Frau, deren Körper ganz allein ihr gehört. Ich brauche mir nicht von einem Mann sagen zu lassen, was ich tun und lassen darf. Schon gar nicht von so einem beschissenen, altmodischen, in einer anderen Zeit stecken gebliebenen Affen wie *Ryan*.

[28] Und zwar auf gute Weise. Nicht in die Breite.

[29] Natürlich nicht wörtlich. Das wäre eklig. ;)

[30] Sie können sich drauf verlassen, dass ich niemals meinen Namen ändern werde! Nicht mal mit Bindestrich. Keine phallischen Kompromisse!

18. Oktober

Liebe Miss Rita,

manchmal kommt einem das ganze Leben einfach nur total beschissen vor, aber wenn man es aus einem anderen Blickwinkel betrachtet, ist es gar nicht so.[1]

Diese Woche hatte ich einen sehr seltsamen Abend, weshalb ich eine Menge über mein Leben und meine Eltern nachgedacht habe, und darüber, wie ich sein will, wenn ich älter werde.[2]

Also, Folgendes ist passiert:

Slutnick und ich haben mittwochs keine Veranstaltungen, darum hingen wir bloß in unserem Zimmer rum[3], und Slutnick zeigte mir so ein total krankes Video von einer Schlange, die ein ganzes Krokodil verschlingt. Das war megaeklig, aber ich konnte einfach nicht weggucken.

Kurz vor dem Ende des Videos klopfte es an der Tür, und zwar so albern, wo jemand ein paar Mal in einem bestimmten Rhythmus klopft und dann darauf wartet, dass das Gegenüber den Takt zu Ende klopft.

Slutnick machte die Tür auf, und draußen standen zwei

---

[1] Verstehen Sie?

[2] Was gar nicht mehr so weit weg ist, wenn man mal darüber nachdenkt. Sie haben wahrscheinlich auch nicht geglaubt, dass Sie mal alt werden, als sie in meinem Alter waren, stimmt's?

[3] Ich sollte hier vielleicht erwähnen, dass Slutnick in letzter Zeit einigermaßen erträglich geworden ist. Wir kommen ganz gut miteinander klar, und sie ist nicht mehr so eine Vollidiotin.

fette, alte, hässliche Menschen, die wie bescheuert grinsten. Und Slutnick quiekte: »Oh mein Gott, was macht ihr denn hier?«

Und das hässliche alte Paar sagte: »Wir wollten dich überraschen und zum Abendessen einladen!«

Und dann fassten sich die drei hässlichen Menschen an den Händen und hüpften herum.

Da wurde mir klar, dass ich Mr. und Mrs. Slutnick vor mir hatte.

Der Vater sah aus wie dieser berühmte italienische Fernsehkoch, Chef Boyardee, bloß hässlicher und jüdischer und ohne Kochmütze. Und die Mutter sah aus wie Slutnick aussehen würde, wenn sie immer dicker und hässlicher würde und nie die richtigen Entscheidungen für ihr Leben treffen würde.

Slutnick stellte mich vor: »Das ist meine Freundin Harper.«[4]

Ich schüttelte den Slutnicks die Hand, und der Vater lächelte ganz breit und sagte: »Wenn das nicht die berühmte Harper ist!«, und die Mutter sagte: »Wir haben schon so viel von dir gehört!«

Darauf sagte ich bloß »Okay«, weil ich nicht wusste, was sie meint, sie hatte nämlich nicht »so viel Gutes« oder »so viel Schlechtes« gesagt, sondern bloß »so viel«.

Dann fragte Slutnick, ob ich mit essen gehen dürfte, und der Vater sagte: »Natürlich!« Und dann noch in so ei-

---

[4] Okay, kommt Ihnen vielleicht wie eine Kleinigkeit vor, aber sie hat *Freundin* gesagt und nicht *Mitbewohnerin*, und das gab mir SO ein gutes Gefühl, Miss Rita, weil man sich eine »Freundin« aussucht, eine »Mitbewohnerin« jedoch aufgedrückt kriegt.

ner albernen Vampirstimme: »Wir wollen euch beide holen! Mmwahahaha!«

Die Slutnick quiekte wieder und umarmte die älteren Slutnicks und rief »Ist das aufregend!«

Als wir in das Auto der Slutnicks stiegen, sagte der Vater: »Jill und ich dachten an den Olive Garden, hast du da Lust drauf?«

Slutnick rief »Yippie!«[5] und tanzte ein bisschen rum.

Auf der Fahrt zum Restaurant redeten alle drei Slutnicks gleichzeitig, ganz aufgeregt, als hätten sie sich jahrelang nicht gesehen. Ich wollte sie unbedingt hassen, aber vor allem fing ich an, meine Familie zu vermissen, und war stinksauer, dass meine Eltern niemals darauf kommen würden, mich überraschend zu besuchen.[6] Sie fragten Slutnick nach ihrem Studium, kannten die Namen all ihrer Professoren und wussten genau, wie ihre Seminare und Vorlesungen so liefen. Das war total schräg. Meine Eltern haben mich nicht mal gefragt, was für Kurse ich *belege*.

Im Olive Garden mussten wir erst mal auf einen Tisch warten, und wir kriegten so einen kleinen Vibrierstab[7], der uns Bescheid geben würde, wann unser Tisch frei wäre.

---

[5] Als ob sie gefragt hätten, ob sie einen Sechser im Lotto haben möchte. Obwohl Essengehen für die Slutnick wahrscheinlich so ähnlich ist wie ein Sechser im Lotto.

[6] Okay, meine Eltern wohnen etwas weiter weg, aber sie würden mir auch dann keinen Überraschungsbesuch abstatten, wenn ich *gleich um die Ecke* studieren würde. Meine Eltern tun nie irgendwas Lustiges oder Spontanes oder Interessantes, ohne ein Riesengewese darum zu machen, wie toll es ist, dass sie das tun, verstehen Sie?

[7] Näher wird die Slutnick einem Date wohl nie kommen.

Beim Warten redeten die Slutnicks die ganze Zeit begeistert darüber, wie schön es wäre, hier zu essen, und sagten so Sachen wie: »Ich kann es kaum erwarten, mich auf die Bolognese zu stürzen«, oder: »Ich glaube, wir sollten noch Pizzabrot dazubestellen. Also, *zum Teilen*.«[8]

Die Slutnick sagte: »Ihr wisst doch, was ich am Essen hier am tollsten finde, oder?«

Und ihre Eltern antworteten im Chor: »Grissini umsonst, so viel man essen kann!«

Die Slutnick quiekte vor säuischem Vergnügen.[9]

Dann fragten sie mich, was ich essen wollte, und weil ich nicht die ganze Speisekarte auswendig kannte so wie sie, sagte ich bloß: »Ach, ich glaube, ich mag italienisches Essen gar nicht so.« Ich habe keine Ahnung, wieso ich das gesagt habe, Miss Rita, ich esse eigentlich sehr gern italienisch. Ich war bloß nervös, und da ist mir das so rausgerutscht.

Die Eltern sahen mich ganz enttäuscht an und fragten: »Möchtest du lieber irgendwo anders hingehen, Harper?« Und da hätte ich sagen *sollen*: »Nein, es ist toll hier, in Wirklichkeit liebe ich italienisches Essen«, aber stattdessen sagte ich: »Okay.«

Zum Glück summte in diesem Augenblick das Vibrierdings, unser Tisch war bereit, also sagte der Vater: »Na gut, dann essen wir jetzt hier im Olive Garden, und beim

---

[8] Klar, ihr seid Jesus und wollt das Brot einfach nur teilen, statt es euch selbst ins Maul zu stopfen.

[9] Und ich dachte mir, die Kombination aus den Slutnicks und unbegrenztem Grissini-Verzehr dürfte den Olive Garden wohl ruinieren.

nächsten Mal darfst du das Restaurant aussuchen.« Das fand ich tatsächlich sehr nett, weil es ja hieß, dass ich auch beim *nächsten Mal* mitkommen sollte, selbst wenn ich heute Abend alles verbockte.[10]

Miss Rita, ich muss Ihnen sagen, das Essen mit den Slutnicks war tatsächlich ziemlich toll. Sie sind richtig witzig und versuchten mich die ganze Zeit ins Gespräch mit einzubinden. Der Vater redete über eine Fahrradtour ins Amish Country, wo er im Haus von echten Amish-Leuten übernachtet hatte, und die Mutter erzählte von ihrem Buchclub, und das Lustige war, dass sie den als irgendwie jugendlich beschrieb; sie meinte, es erinnere sie an den Englischunterricht in der Highschool, wo hormongeschwängerte Teenager miteinander stritten.

Meine Eltern sprechen kaum miteinander und machen nie irgendwas Unterhaltsames. Mein Vater kommt jeden Abend furchtbar spät nach Hause, und wenn meine Mutter ihn nach seinem Tag fragt, sagt er: »Können wir bitte nicht jetzt darüber reden?« Und meine Mutter hat keine Freunde, die sie wirklich leiden kann, und einem Buchclub würde sie niemals beitreten, weil sie dafür tatsächlich lesen müsste, was sie absolut ablehnt.

Aber die Slutnicks machten den Eindruck, als wären sie *wirklich* glücklich, und das war echt seltsam anzuschauen.

---

[10] Im Foyer des Olive Garden hängt ein Schild, auf dem steht: WENN SIE HIER SIND, GEHÖREN SIE ZUR FAMILIE. Und ich dachte mir, da ich jetzt hier bin, gehöre ich wohl zu ihrer Familie. Das gab mir ein gutes Gefühl, obwohl ich nicht wirklich zu ihrer Familie gehören wollte, weil ich dann wahrscheinlich fetter und hässlicher werden müsste.

Meine Eltern *tun* immer so, als wären sie glücklich, wenn sie mit anderen Leuten zusammen sind, aber es ist total offensichtlich, dass sie nur so tun. Die Slutnicks dagegen wirkten richtig zufrieden mit sich und miteinander. Ich hätte nie gedacht, dass so was möglich ist.[11]

Und dann fragten sie mich, ob mir die Uni gefalle, was ich verneinte, und meinten dann: »Das erste Jahr ist immer das schwerste, mach dir nicht zu viele Sorgen, wenn es dir nicht gefällt.« Das war ein seltsamer Ratschlag, fand ich, aber ich wurde doch gleich entspannter beim Gedanken ans Studium.[12]

Miss Rita, das war so ein nettes Abendessen, ich hatte wirklich das Gefühl, eine echte Slutnick zu sein. Wir bestellten auch noch Nachtisch[13] und Kaffee, und die Slutnicks bezahlten das Essen und bedankten sich dann bei *uns*, weil wir mit *ihnen* essen gegangen waren: »Das war wirklich toll von euch Mädels, dass ihr uns heute Abend begleitet habt. War uns ein großes Vergnügen.«

Auf der Rückfahrt habe ich, und das ist kein Scherz, Miss Rita, die ganze Zeit geredet! Ich konnte es selbst nicht fassen. Normalerweise rede ich nie in Anwesenheit

---

[11] Sie waren zwar nett, aber es war doch ein bisschen widerlich, ihnen beim Essen zuzusehen. Ich weiß nicht, ob Sie je auf einem Bauernhof waren, Miss Rita, wo man Schweine sehen kann, wie sie aus einem Trog essen und sich dann in ihrer eigenen Scheiße wälzen; jedenfalls ist es so ähnlich, wenn man den Slutnicks beim Essen ihrer Spaghetti Bolognese zuschaut.

[12] Als ich meiner Mutter erzählte, wie sehr ich das Studium hasse, antwortete sie: »Bei dem Geld, dass wir dafür bezahlen müssen, solltest du mit dem Mögen besser mal sofort anfangen.« Und ich so: »Fick dich, Mom.«

[13] Tiramisu und Cannoli *zum Teilen.*

fremder Leute, weil ich solche Angst habe, irgendwelchen Blödsinn zu reden oder irgendein Thema anzuschneiden, von dem ich keine Ahnung habe, und dann fragt jemand nach, und ich weiß nicht, was ich antworten soll. Aber ich konnte einfach nicht anders, ich erzählte den Slutnicks alles über mich, sogar Sachen, über die ich vorher noch nie nachgedacht hatte, zum Beispiel, was für einen Beruf[14] ich mal ausüben möchte. Ich habe ihnen sogar von Ihnen erzählt, Miss Rita.[15]

Dann setzten sie uns am Wohnheim ab und umarmten uns beide zum Abschied, und der Vater sagte zu mir: »Ich bin froh, dass du dich um unsere Tochter kümmerst.« Ich konnte es nicht fassen. *Ich* kümmerte mich um *sie*. Ich weiß gar nicht, ob sie das ernst meinten, aber ich fühlte mich so gut, als ich das hörte. Ich habe mich noch nie um irgendwen gekümmert, und auf einmal kümmerte ich mich um die Slutnick! Ich kam mir so erwachsen vor. So wichtig. So *gebraucht*.

Slutnick und ich gingen rauf in unser Zimmer, und ich lächelte immer noch breit. Ich wollte duschen, um den Geruch vom Olive Garden loszuwerden[16], aber ich fand es netter, Slutnick zu fragen, ob sie zuerst duschen wollte. Also fragte ich. Und sie sagte: »Klar, danke für das Angebot, Harp!«[17]

---

[14] Dazu habe ich »Was mit Mode« gesagt, weil ich eben noch nie darüber nachgedacht hatte und nervös wurde und fand, das klingt gut.

[15] Ich habe aber bloß erzählt, dass ich eine »Mentorin« von meiner alten Highschool habe. Worauf sie sagten: »Hört sich an, als würde sie dich großartig unterstützen.« Nicht schlecht, oder?

[16] *Fettuccine Alfredo* gemischt mit einfacher *Marinara*.

[17] Sie nannte mich tatsächlich Harp. Ich hatte noch nie einen Spitzna-

Slutnick nahm Handtuch, Seife und Zahnbürste und verschwand im Bad, während ich allein im Zimmer herumlief.

Ich schaute mir all unseren gemeinsamen Besitz an. Unsere Kaffeemaschine. Unsere Mikrowelle. Unseren Minikühlschrank mit dem hartnäckigen Kaffeefleck die ganze Tür hinunter. Unseren Toaster. Unseren verdreckten Mülleimer. Unsere Teller aus dem Ein-Dollar-Laden und das Aluminiumbesteck. Unser Whiteboard mit der in neongrün gekritzelten Nachricht: »Kaffeemaschine ist kaputt«.

Dann sah ich mir Slutnicks Habseligkeiten an. Ihren Haarglätter. Ihre Wimpernzange. Ihr halb leer gegessenes Glas Nutella. Ihre Kartenabrisse von jedem Konzert, bei dem sie je war. Ihre Korkpinnwand mit Fotos von dicken, hässlichen Freunden aus ihrer Heimat.

Und dann betrachtete ich meine Sachen. Meine Ethnologiebücher für die Uni. Meinen Laptop mit dem Aufkleber eines blutigen Apfels auf dem normalen Apple-Logo. Meine verblichene Kuscheldecke von zu Hause. Mein XXL-T-Shirt vom Breakdance Battle. Meine Großpackungen von Costco.

Und ich dachte mir, es würde mir gefallen, wenn Slutnick öfter meine Sachen benutzte. Vielleicht würde es mich glücklicher machen, wenn ich Sachen mit ihr teilte, anstatt sie nur für mich zu behalten. Vielleicht würde es

---

men, und wenn Sie mich vor einer Woche gefragt hätten, ob ich einen will, hätte ich das so was von blöd gefunden, aber »Harp« gefiel mir *tatsächlich*.

mich sogar glücklicher machen, wenn ich wüsste, dass sie meine Nudelsuppe isst, als wenn ich sie selber essen würde.[18]

Und dann fing ich an, über meine eigenen Eltern nachzudenken. Ich bemühte mich sehr, sie neutral zu betrachten. Verstehen Sie? Ich versuchte mal, eine Minute so über sie nachzudenken, als ob ich nicht ihre Tochter wäre. So als wäre ich einfach irgendein Mensch, der unsere Lage beurteilt. Und dabei wurde ich richtig sauer auf sie.

Sie wussten, wie einsam ich hier war, und sie taten nie irgendwas, damit es mir besser ging oder ich mich *gebraucht* fühlte. Als ich sie fragte, ob sie mich während des Semesters besuchen würden, sagte meine Mutter, ich sollte »in den ersten Monaten meine eigenen Erfahrungen sammeln«[19], fänden sie. Nach einem Abend mit den Slutnicks fühlte ich mich mehr geliebt und mehr Teil einer Familie als in den achtzehn Jahren mit meinen eigenen Eltern.

Slutnick kam aus dem Bad, das Handtuch um den Kopf gewickelt wie ein Moslem.[20] Ihr ganzer Körper war rot und fleckig vom heißen Wasser. Mir war das sofort ein bisschen peinlich, weil sie ziemlich fett aussah und ich es peinlich fand, eine fette Mitbewohnerin zu haben, und weil ich mir Sorgen machte, dass *mich* die Leute automa-

---

[18] Ich weiß, das klingt seltsam oder unlogisch – »Wie soll es *mich* glücklich machen, wenn jemand *anderes* meine Ramen-Nudelsuppe isst?«. Aber ich hatte tatsächlich das Gefühl, es würde mich glücklich machen, wenn ich wüsste, dass Slutnick glücklich ist. Eigenartig.

[19] Das hieß nein.

[20] Ist das rassistisch? Ich weiß nicht recht. Sie sah jedenfalls so aus.

tisch auch fett finden würden. Dann rief ich mir ins Gedächtnis, wie gemein solche Gedanken waren und außerdem auch nicht ganz zutreffend.

Slutnick fragte: »Wollen wir uns zusammen das Schlangenvideo zu Ende angucken?«

Das riss mich aus meinen Gedanken über ihr Dicksein, und ich wurde ganz aufgeregt. Das Schlangenvideo hatte ich komplett vergessen.

Slutnick klappte ihren Laptop auf, der bei zwei Dritteln des Videos in Ruhezustand gegangen war, und klickte auf *Play:*

Es war so krass, Miss Rita. Die Schlange fraß das gesamte Krokodil auf und schlängelte dann mit dem Krokodil im Bauch durch die Gegend.[21] Ich wollte die Schlange hassen, weil sie das Krokodil gefressen hatte, aber dann dachte ich mir: »Vielleicht geht mich das gar nichts an.«

Dann schaute ich Slutnick an, und sie fand es genauso eklig. Ich musste lachen, weil ich mir vorstellte, wie wir wohl aus der Sicht der Schlange wirkten: zwei Mädchen, die das gleiche angewiderte Gesicht zogen und mich anstarrten, während ich mit einem Krokodil in mir drin durch die Gegend kroch.

Und dann wurde mir klar, dass Slutnick und ich für die Schlange wahrscheinlich gar nicht so verschieden waren.

---

[21] Das war so irre, man konnte den Umriss des Krokodils noch im Schlangenleib erkennen!

Womöglich dachte die Schlange sogar, dass wir verwandt wären. Und vielleicht hatte die Schlange Recht, vielleicht *sind* Slutnick und ich ja verwandt.

Und vielleicht geht es im Leben genau darum – an den verschiedensten Orten der Welt Familien zu finden. In diesem Jahr sind vielleicht Slutnick und ich eine Familie. Nächstes Jahr habe ich vielleicht eine andere Mitbewohnerin, und *die* wird dann meine Familie sein.

Irgendwie bewirkten diese Gedanken, dass ich mich gleichzeitig total allein und überhaupt *nicht* allein fühlte.

Weil das hieß, dass *jeder Mensch* meine Familie sein konnte, dass aber *niemand* es dauerhaft sein würde.

Außer Ihnen natürlich, Miss Rita.

Danke!

Alles Liebe

Harp[22]

---

[22] Nur Sie und Slutnick haben die Erlaubnis, mich so zu nennen. ;-)

7. November

Liebe Miss Rita,

ich wollte Ihnen eigentlich gar nicht schreiben, weil ich dachte, ich lasse Sie mal in Ruhe, aber jetzt ist mir etwas absolut Entsetzliches passiert, und ich weiß nicht, ob ich zur Polizei gehen oder eine Pistole kaufen soll oder was. Bisher habe ich niemandem davon erzählt[1], aber es ist mir nicht mehr möglich, es für mich zu behalten.

Ich glaube, ich bin von einem Professor sexuell genötigt worden[2].

Ich fange ganz am Anfang an, damit Sie wissen, wie es dazu gekommen ist.

Ich habe das Seminar Einführung in die Ethnologie belegt, wo es im Grunde um verschiedene Kulturen überall auf der Welt geht, und warum sie so abgedreht sind[3]. Mein Professor ist ein junger Typ, der unbedingt wie der »coole« Professor rüberkommen will. Er trägt »coole« Flanellhemden und »coole« Jeans und hat schulterlange Haare. Ein klitzekleines bisschen attraktiv ist er wohl schon, aber es ist scheißnervig, wie alle Mädchen im Seminar einen halben Orgasmus kriegen, wenn er sie nur drannimmt.[4]

---

1 Außer jetzt Ihnen. Und bitte, halten Sie es so lange geheim, bis wir uns überlegen, was wir tun sollen.

2 Ich will Sie nicht beunruhigen, aber es stimmt. Jawohl. Willkommen an der Uni, Harper.

3 Eine unpassende Beschreibung, musste ich mir sagen lassen.

4 Ich habe sogar gehört, wie eine Nutte namens Sarah Stein gesagt hat:

Er heißt Mr. Garrett, aber in diesem Brief wollen wir ihn von nun an Mr. Doe nennen, falls es noch zu einem Prozess oder einer Verhandlung oder so was kommt.

In den letzten drei Stunden haben wir uns mit etwas beschäftigt, was man »weibliche Genitalverstümmelung« nennt und was so ziemlich das Widerlichste ist, was ich je gehört habe.[5] Dabei schneiden bösartige afrikanische Männer armen afrikanischen Frauen die Vagina ab. Und die Männer tun das aus den ekelhaftesten egoistischen Gründen: weil es sich für ihre riesigen blöden Penisse besser anfühlt, wenn sie die in die kleinen, verstümmelten Vaginen der armen Frauen stecken.

Männer sind so verdammt furchterregend, Miss Rita. Alles an ihnen ist ekelhaft und gruselig! Und nach meiner »Begegnung« mit Mr. Doe möchte ich am liebsten sämtlichen Männern die bescheuerten Penisse abschneiden und sie ihnen in die blöden Augenhöhlen stopfen![6]

Aber das Beschissenste an der Sache ist, dass Mr. Doe uns tatsächlich gezwungen hat, einen Essay darüber zu schreiben, wieso weibliche Genitalverstümmelung etwas *Gutes* ist[7]. Wir sollten dabei »einbeziehen«, was wir über fremde Kulturen und ihre Bräuche gelernt haben, um zu

---

»Ich will ihn unbedingt ficken.« Und Sarah nimmt er *dauernd* dran. Das ist so nervig.

5 Haben Sie schon davon gehört? Wenn nicht, schlagen Sie es nach, aber passen Sie auf, dass Sie nicht vor Wut kotzen müssen.

6 Ich weiß, das klingt jetzt ziemlich krass, aber ich habe mir wirklich vorgestellt, wie ich das mit Mr. Doe mache.

7 Ja, Sie haben richtig gelesen. Wir wurden aufgefordert, einen Essay darüber zu schreiben, wieso die absolut bösartigste Sache der Welt GUT sein soll.

erklären, wieso die Vaginabeschneidung etwas *Gutes* ist. Ich konnte es überhaupt nicht fassen.

Als er wissen wollte, ob wir irgendwelche Fragen hätten, habe ich mich gemeldet, und Sarah Steinhure auch. Ich wollte ihn fragen, wie wir um Himmels willen einen Essay schreiben sollen, der diesen widerlichen Quatsch *verteidigt*, aber Mr. Doe nahm zuerst die Steinhure dran. Und diese verfickte Arschkriecherin fragte: »Soll der Essay einen bestimmten Umfang haben, oder können wir so viel schreiben, wie wir wollen?«[8]

Und Mr. Doe antwortete: »Sie können so viel schreiben, wie Sie für nötig halten, um Ihren Standpunkt zu begründen, Frau Stein.«

Also ging ich auf mein Zimmer, um diesen Essay zu schreiben, den ich im Grunde gar nicht schreiben dürfte, fand ich.

Slutnick war auch da und las *Beowulf*. Wir beide kommen inzwischen richtig gut klar, weil sie nicht mehr so eine Zicke ist und ich viel »offener und toleranter«[9].

Ich erzählte Slutnick also, dass ich einen Essay darüber schreiben müsste, wieso es eine gute Sache ist, einer afrikanischen Frau die Vagina abzuschneiden, und sie war entsetzt. Sie sagte, sie lese gerade, wie Beowulf Grendels Mutter umbringt, nachdem sie versucht hat, den Tod ihres Sohnes zu rächen. Beowulf hat die *Mutter* seines Feindes umgebracht! Das ist so unfassbar typisch. Und mir

---

8 Was sie eigentlich hätte fragen sollen: »Wie lange dauert es, bis ich mir nach dem Seminar Ihre Scheiße von der Nase gewaschen habe?« Weil sie ihm so tief in den Arsch kriecht.

9 Dank Ihres guten Einflusses, Miss Rita.

ging auf, dass alle Männer in der Geschichte der Menschheit – Beowulf, Afrikaner, Mr. Doe – dass *alle Männer* widerliche, bösartige Wichser sind.

Ich fühlte mich innerlich total zerrissen. Ich musste diesen Essay für das Seminar schreiben, aber ich wusste auch, dass es ganz und gar falsch war. Also »prüfte ich mein Gewissen«, wie Sie es mir in meinem Junior-Jahr beigebracht haben.

Und mir wurde klar, dass ich den Essay nicht schreiben konnte.

Also setzte ich mich an den Computer und schrieb das, was ich *stattdessen* schreiben musste. Nämlich das hier:[10]

In verschiedenen afrikanischen Ländern tritt ein weit verbreitetes Problem auf. Man nennt es »weibliche Genitalverstümmelung«. Weibliche Genitalverstümmelung (WGV), auch als »weibliches Genitalschneiden« oder »weibliche Beschneidung« bezeichnet, wird von der Weltgesundheitsorganisation WHO definiert als »sämtliche Prozeduren, bei denen aus nicht medizinischen Gründen eine teilweise oder vollständige Entfernung der äußeren weiblichen Genitalien oder andere Verletzungen der weiblichen Geschlechtsorgane vorgenommen werden«. (Wikipedia)

Der Leiter meines Seminars »Einführung in die Ethnologie«, Mr. Garrett, hat mich aufgefordert, einen Essay darüber zu schreiben, warum das eine gute Sache ist.

Aber das kann ich nicht.

---

[10] Entschuldigen Sie, dass ich den ganzen Essay hier einfüge, aber er ist wichtig für den Hintergrund!

Denn das ist es nicht.

Eine gute Sache.

WGV ist eine widerwärtige Prozedur, die Männer Frauen zufügen, weil sie wollen, dass die Frauen kleinere Vaginen haben, weil sich das beim Sex besser an ihren Penissen anfühlt. Wer das für eine gute Sache hält, der liegt auf ekelerregende Weise falsch.

Männer kontrollieren seit Jahrhunderten alle Lebensbereiche, sei es das Bankwesen, der Sport oder die Automobilindustrie. Und es wird Zeit, dass sich das ändert. Sie glauben, weil sie Penisse haben oder größer gewachsen sind als Frauen, können sie diese beherrschen.

WGV muss sofort aufhören, und die Männer, die so was tun, sollten *ihre* Penisse abgeschnitten kriegen; mal sehen, wie ihnen das gefällt. Wenn ich könnte, würde ich nach Afrika fliegen und allen Männern den Penis abschneiden.[11] Und dann würde ich alle afrikanischen Penisse in einen riesigen Mixer stecken und alle Männer zum Zuschauen zwingen, wie ihre Penisse zu einem blutigen Penis-Shake zerhackt werden. Ich würde sie diesen Penis-Shake trinken lassen, bis sie kotzen müssen, und dann würde ich sie wahrscheinlich auch noch die Penis-Shake-Kotze essen lassen.[12]

Aber da ich wegen der vielen Krankheiten nicht nach Afrika kann, werde ich stattdessen hier in St. Louis anfangen, die Penisse aller Männer abzuschneiden, die ihre

---

[11] Okay, von hier an wird der Essay ein bisschen durchgeknallt.

[12] Ich weiß nicht, was ich mir dabei gedacht habe, Miss Rita. Ich weiß, das ist total widerlich von mir. Ich glaube, es ist einfach ein wenig mit mir durchgegangen.

Frauen misshandeln. Und die aller Vergewaltiger und aller Barkeeper, die ständig Frauen belästigen. Deren Penisse werde ich auch abschneiden.

Und wo ich schon mal dabei bin, Mr. Garrett – Ihren Penis werde ich ebenfalls abschneiden. Ich sehe genau, wie Sie manche Mädchen im Seminar anschauen. Sie missbrauchen Ihre Lehrautorität zum Flirten, das entgeht mir nicht. Und dass Sie uns diesen Essay schreiben lassen, ist der Beweis dafür, dass Sie die bösartigen Männer des afrikanischen Reichs unterstützen, die zu ihrer eigenen üblen Lust den Frauen die Vaginen abschneiden wollen.

Aber wisst ihr was, Männer? Und wissen Sie was, Mr. Garrett? Eure Zeit ist abgelaufen!

Das war mein Essay. Ich las ihn Slutnick vor, und sie fand ihn unglaublich. Sie sagte echt so: »Harper, das ist das Krasseste, was ich je gehört habe.«

Am nächsten Morgen steckte ich den Essay also in Mr. Does Postfach.

Wir hatten erst am Dienstag wieder Ethnologieseminar, ich konnte also das ganze Wochenende und auch noch den Montag darüber nachdenken, was Mr. Doe wohl denken würde, wenn er ihn las. Und je mehr ich darüber nachdachte, desto aufgeregter wurde ich. Ich war immer fester davon überzeugt, dass mein Text nicht bloß klug war, sondern im Dienste der Menschheit geschrieben.[13]

---

[13] Eines meiner Lieblingszitate lautet: »Wohlerzogene Frauen schreiben nur selten Geschichte.« Dann schreibe ich jetzt wohl ein Stück Geschichte.

Am Dienstag ging ich wie gewohnt zum Seminar, aber in meinem Bauch kribbelte es vor nervöser Aufregung, so wie wenn man darauf wartet, wer bei *American Idol* rausfliegen wird. Mr. Doe kam rein, als sei alles in Ordnung. Ich fragte mich, ob er die Essays überhaupt gelesen hatte. Zum Glück meldete sich die Steinhure und fragte: »Bekommen wir heute unsre Essays zurück?«[14]

Und Mr. Doe sagte: »Ja, ich habe sie alle gelesen und benotet und werde sie am Ende des Seminars zurückgeben. Sehr gute Arbeit übrigens von Ihnen allen.«

Ich war total verwirrt. Wie konnte er sie alle gelesen und benotet haben und kein Wort über meinen verlieren?

Wie auch immer, während des Seminars verlor er kein Wort über weibliche Genitalverstümmelung. Stattdessen fing er ein neues Thema an, nämlich *Nanuk, der Eskimo*, so ein dämlicher Film über einen Eskimo, der fälschlicherweise behauptet hat, dass er in ein Boot gestiegen ist.

Am Ende des Seminars sagte Mr. Doe: »Ehe ich es vergesse, hier habe ich Ihre Essays. Ein paar sehr interessante Arbeiten diese Woche, Leute.«

Dann verteilte er die Essays wortlos, und als er zu mir kam, legte er das Blatt ganz lässig auf meinen Tisch, so als hätte ich nichts vom Abschneiden seines Penis geschrieben. Ich schaute auf die erste Seite, dort war kein Kommentar zu sehen, dann drehte ich das Blatt um, und ganz am Ende stand der Satz: »Reden wir nach dem Seminar. – Mr. G.«

---

[14] Wie komme ich nur darauf, dass die Steinhure nicht über das Abschneiden von Penissen geschrieben hat?

Ich wusste nicht, womit ich rechnen sollte. Ich dachte, er wäre womöglich ein bisschen sauer wegen der Nummer mit dem Penis-Shake, aber ansonsten hatte ich ja wohl einen richtig nachdenklichen Essay geschrieben.

Als alle den Seminarraum verließen, blieb ich an meinem Tisch sitzen.

Mr. Doe kam zu mir und setzte sich an den Tisch neben mir. Mein Herz schlug rasend schnell. Ich wusste nicht, ob er mir gratulieren oder mich anschreien würde oder was.

Er fing an: »Also, ich habe Ihren Essay gelesen, Harper.«

Ich sagte nichts. Er redete weiter:

»Ich habe verstanden, dass Ihnen dieses Thema sehr am Herzen liegt. Es hat offensichtlich eine Menge in Ihnen ausgelöst, und das ist gut. Ich bin froh, dass Sie diesen Emotionen Ausdruck verliehen haben. Ich fand Ihre Ausdrucksweise zum Teil ein wenig drastisch[15], aber ich habe mich gefreut, dass Sie das Thema so bewegt hat und dass Sie sich so leidenschaftlich damit befasst haben.«

»Also kriege ich ein A?«, fragte ich.

»Leider muss ich den Essay als nicht geschrieben bewerten.«

»Wieso?«

Dann sagte er: »Weil Sie die Aufgabe nicht erfüllt haben, Harper.« Dann redete er irgend so einen Quatsch – selbst wenn ich WGV nicht gutheiße, sei ich aufgefordert gewesen, »mich rein theoretisch mit ethnologischen Argumenten dafür zu positionieren«.

Jetzt wurde ich aber richtig sauer. Denn ich wusste,

---

15 Wahrscheinlich die Sache mit dem Mixer.

worum es eigentlich ging. Darum, dass er mich nicht leiden konnte. Darum nahm er mich nie dran. Darum erwiderte er meine Blicke nie. Darum schwärmte er so für die Steinhure und ein paar andere zickige Arschkriecherinnen im Seminar.

Ich wollte es ihm auf keinen Fall durchgehen lassen, meinen Essay als »nicht geschrieben« zu werten, bloß weil er mich nicht leiden konnte. Also fragte ich ihn: »Wieso nehmen Sie mich im Seminar nie dran?«

Darauf sagte er: »Sie haben schon Recht mit Ihrer Beobachtung, dass ich Sie weniger oft ums Wort bitte als einige andere Studierende. Das liegt vor allem daran, dass Ihre Beiträge die Diskussion oft nicht positiv voranbringen, Harper.[16] Sie schreien meist bloß Ihre Meinung heraus, anstatt sich an einem vernünftigen Gedankenaustausch zu beteiligen.«

Aber ich wusste, das war bloß vorgeschobener Quatsch, also sagte ich ihm auf den Kopf zu: »Ich glaube, Sie nehmen mich nicht dran, weil Sie mich nicht hübsch finden.«

Da wirkte er ziemlich geschockt. »Was?«, fragte er.

Ich sah ihm direkt in die Augen[17] und fragte ihn: »Mr. Doe, finden Sie mich hübsch?«

Und wissen Sie, was er da gesagt hat? »Ich finde, Sie sind eine ganz reizende junge Dame, aber Sie müssen lernen, Ihre Impulse zu kontrollieren, Harper.«

Scheiße, ich wusste es. *Eine reizende junge Dame!* Plötzlich ergab alles einen Sinn.

---

[16] Fick dich, Mr. Doe!
[17] Ich konnte kaum fassen, wie mutig ich war.

Mr. Doe stand auf mich. Darum erwiderte er meine Blicke nie, darum flirtete er dauernd mit Sarah Stein. Weil er fand, dass Sarah Stein eine unattraktive Nutte war[18] und ich das heiße Teil. Scheiße, ich wusste es!

Nachdem wir unser Gespräch beendet hatten, dankte er mir, dass ich dageblieben war, und bat mich, mir zu überlegen, ob ich den Essay nicht umschreiben wollte. Dann wurde er ein bisschen verlegen und sagte: »Hab eine schöne Woche, Harper.«

Ich ging irgendwie verwirrt nach Hause. Lauter seltsame Gedanken kreisten in meinem Kopf.

Ich meine, ich fand Mr. Doe tatsächlich scharf. Er wirkte so klug und so selbstsicher, das fand ich attraktiv. Er wusste so viele Dinge und hatte so viel Energie und war bestimmt nett und wahrscheinlich auch sanft und fürsorglich. Wahrscheinlich würde er nie eine Frau auffordern, ihre Vagina zu beschneiden, und er wäre bestimmt ganz süß und sacht und kein bisschen wie diese afrikanischen Typen. Es ging mir durch den Kopf, womöglich Sex mit ihm zu haben[19] und meine Jungfräulichkeit zu verlieren. Weil er wahrscheinlich wusste, wie man es richtig treibt, er weiß schließlich alles und über alle Kulturen.

Ich weiß, das klingt ziemlich verrückt, aber dann ging mir durch den Kopf, dass ich womöglich aus Versehen von ihm schwanger würde, und dann würde er für immer an mir hängen bleiben, aber im guten Sinne, denn wir

[18] Womit er definitiv Recht hätte.

[19] Ich glaube, ich wäre ganz gut beim Sex, weil meine Mutter immer sagt, ich hätte »den Körper einer Tänzerin«.

würden heiraten müssen. Und dann könnten wir so viel ficken, wie wir wollten, weil wir Eheleute sein würden. Und wenn ich dann in die Wechseljahre käme und keine Kinder mehr kriegen könnte, würden wir noch mehr ficken, weil ich auf keinen Fall mehr schwanger werden oder AIDS kriegen könnte. Und wir wären verheiratet und hätten eine nette Familie, und er würde mir alles über die Welt beibringen, und wir würden gemeinsam sterben und uns einen Sarg teilen, weil das romantischer wäre.[20]

Als ich nach Hause kam, erzählte ich Slutnick von meiner tollen Begegnung mit Mr. Doe. Slutnick fand die allerdings gar nicht so toll. Sie war geschockt, als ich ihr erzählte, dass er mich eine »reizende junge Dame« genannt hatte.

Sie sagte: »Harper, fandst du das nicht ein bisschen eigenartig?«

Und ich antwortete: »Nein, es war eigentlich sehr schön.« Dann erzählte ich Slutnick noch, wie es mir durch den Kopf gegangen war, mit ihm zu ficken, und dass ich mir überlegt hatte, er wollte das bestimmt auch, weil er so unglaublich verschossen in mich war. Und davon war Slutnick noch geschockter.

Sie sagte: »Harper, ich glaube, du musst den Typen melden. Ich glaube, das läuft schon unter Belästigung.«

Ich sagte ihr, dass sie wahrscheinlich einfach neidisch sei. Aber Slutnick meinte, es sei sehr wichtig, jede Lehrkraft zu melden, die »gewisse Grenzen überschreitet«.

---

[20] Okay, das klingt jetzt wirklich sehr kitschig und durchgeknallt, Miss Rita, aber meine Gedanken rasten einfach mit Lichtgeschwindigkeit daher!

Plötzlich war mir das alles wahnsinnig peinlich. Wenn Mr. Doe nun *wirklich* eine Grenze überschritten hatte? Wenn ich *tatsächlich* Opfer von sexueller Belästigung geworden war?[21]

Miss Rita!

Und dann wurde ich echt superverlegen. Slutnick meinte: »Alles okay, Harper? Dein Gesicht ist total rot.«

Sie hatte Recht. Ich legte die Hände an die Wangen und spürte, wie sie brannten. Meine Ohren waren auch heiß, was nur passiert, wenn ich total nervös bin.

Ich weiß nicht, was ich tun soll, Miss Rita. Ich fühle mich gerade so schmutzig. Was ist, wenn Slutnick Recht hat und ich tatsächlich sexuell belästigt wurde? Was soll ich tun? Und was, wenn ich Mr. Doe anzeige und er verhaftet wird und ins Gefängnis muss und wenn ich damit meine Chance verspiele, ihn zu heiraten und von ihm Kinder zu kriegen und zum allerersten Mal meine Jungfräulichkeit zu verlieren? Ich habe das Gefühl, ich habe mich in meinen Missbraucher verliebt, was in solchen Beziehungen ja oft geschieht.[22]

Ich habe so viele komische Gefühle auf einmal, und ich weiß nicht, was ich im Augenblick von *egal was* halten soll!

Bitte helfen Sie mir!

Harper Jablonski

---

[21] Klar, ich weiß auch, ich wurde nicht vergewaltigt oder so, aber vielleicht fängt sexuelle Belästigung mit »reizende junge Dame« an und endet damit, dass ich an einen Bettpfosten gefesselt bin und mir die Vagina abgeschnitten wird!

[22] Ich will keine statistische Größe werden.

23. November

Liebe Miss Rita,

ich schreibe Ihnen, um Ihnen mitzuteilen, dass ich Ihnen nie wieder schreiben werde.[1] &[2]

Hinter mir liegt eine sehr abgedrehte Woche.[3]

Als Erstes möchte ich Ihnen danken, dass Sie mich besuchen gekommen sind. Als ich Sie auf der Bank vor meinem Wohnheim sitzen sah, war ich zuerst total verwirrt. Um ehrlich zu sein, habe ich Sie gar nicht gleich erkannt, weil Sie im Gesicht ein bisschen dick geworden sind[4] und Ihr Haar so kurz geschnitten haben wie eine alte Frau.

Aber als Sie dann »Harper« sagten, habe ich Sie angeschaut und Ihre Augen gesehen, die sich überhaupt nicht verändert haben. Schon komisch, wie die Augen eines Menschen genau gleich bleiben können, obwohl das Gesicht drum herum älter und dicker wird.

Als ich merkte, dass Sie es sind, Miss Rita, da durchströmte es mich ganz heiß, weil mir plötzlich klar wurde, dass Sie den ganzen Weg bis nach St. Louis gekommen waren, um mich zu besuchen. Und das hat mir ein so gutes Gefühl gegeben, ich habe mich so geliebt gefühlt.

---

[1] Worüber Sie womöglich sehr froh sind. ;-)

[2] Voll ironisch, oder?

[3] Okay, ich weiß, das sage ich immer, aber diese Woche war wirklich ganz besonders schräg.

[4] Entschuldigung! Aber es stimmt.

Als ich Sie dann fragte, was Sie hier wollten, meinten Sie: »Ich dachte mir, du könntest ein wenig Gesellschaft gebrauchen, Harper«, und da hätte ich beinahe angefangen zu weinen, weil das so nett war und weil ich wusste, dass Sie aus Ihrem Besuch bloß keine große Sache machen wollten.[5]

Und ich war so gerührt! Darum habe ich auch gar nichts zu Ihnen gesagt. Weil ich dachte, wenn ich jetzt auch nur ein Wort sage, würde ich sofort anfangen zu schluchzen, darum versuchte ich, lieber gar nichts zu sagen.

Dann haben Sie vorgeschlagen, bei Starbucks einen Kaffee zu trinken und »alles durchzusprechen«. Ich wusste gar nicht, was Sie meinten, aber es fühlte sich SO TOLL an, einfach nur in Ihrer Nähe zu sein.

Ich weiß, das klingt jetzt furchtbar schräg, aber auf dem Weg zum Starbucks stellte ich mir vor, dass Sie meine Mutter wären. Keine Ahnung, ob Sie es gemerkt haben, aber ich habe heimlich Ihr Gesicht abgesucht, ob ich nicht irgendwelche Ähnlichkeiten zwischen uns entdecken kann.[6]

Ich weiß gar nicht mehr, was Sie eigentlich auf dem Weg gesagt haben, weil in meinem Kopf so viele Gedanken kreisten! Ich überlegte, wie Sie wohl nach St. Louis gereist waren. Dass Sie von New York aus geflogen sein mussten und dann ein Auto gemietet und ein Hotelzimmer genommen hatten, und wie unglaublich das war, was

---

5 So wie wenn Menschen »anonym« etwas spenden. Wenn ich etwas spenden würde, dann würde ich mit Sicherheit meinen vollen Namen angeben, damit alle wüssten, dass ich es war, aber es ist netter, wenn man es nicht tut.

6 Und es gab tatsächlich welche. Sie haben zwar jede Menge Mitesser auf der Stirn und Ihre Haare werden schon ein bisschen dünn, aber ansonsten könnten wir auf jeden Fall verwandt sein.

Sie alles für mich taten, Miss Rita. Ich glaube, so etwas Nettes hat noch nie jemand für mich getan.

Als wir dann bei Starbucks waren, habe ich mich so auf unser Gespräch gefreut. Ich fühlte mich wie im Traum, weil ich Sie mir beim Schreiben manchmal vorstelle, wie Sie die Briefe lesen und nicken und verstehen und lachen.[7]

Darum dachte ich, mit Ihnen zu reden, wäre so, wie Ihnen zu schreiben, nur eben von Angesicht zu Angesicht, was sich ziemlich seltsam, aber auch großartig anfühlte.

Ich stellte mir vor, über was wir alles reden könnten, und wie ich mir von Ihnen Rat zu allem, was in meinem Leben abgeht, holen könnte[8], und dass Sie aus scheinbar *großen* Problemen ganz *kleine* Probleme oder *gar keine* Probleme machen würden, und dann würden Sie mir sagen, dass ich »verdiene, glücklich zu sein«, und wir würden uns tief in die Augen schauen[9] und lächeln, und dann würde ich zu Slutnick zurückkehren, und Sie nach New York, und wir wären beide glücklich.

Aber, Miss Rita, ich muss sagen, im Augenblick denke ich eher, dass Sie eine totale Idiotin sind, und es tut mir leid, das sagen zu müssen, aber außerdem auch ein absolutes Arschgesicht.

Ich habe mich nämlich richtig auf unsere Unterhaltung gefreut, aber kaum hatten wir uns mit unseren Kaf-

---

7 Nicht *über* mich, sondern wenn ich witzig zu sein versuche. ;-)

8 Zum Beispiel mehr Freunde zu finden, die so sind wie ich, oder mich entjungfern zu lassen oder mit seltsamen Professoren fertigzuwerden oder zu versuchen, meine Eltern nicht zu hassen, weil sie solche Arschlöcher sind.

9 Aber nicht wie Lesben.

fees hingesetzt, wurden Sie plötzlich ganz ernst und sahen mich an, als wäre ich krank oder so.[10]

Und dann haben Sie Sachen gesagt, Miss Rita, die mich ehrlich gesagt total angekotzt haben.

Als Sie zum Beispiel meinten, dass ich in meinen Briefen »häufig psychisch labil« klinge, und mir vorschlugen, »eine kleine Auszeit vom Leben zu nehmen«[11], da hatte ich das Gefühl, Sie wären nicht mehr meine Freundin. Sie *verurteilten* mich und wollten mir vorschreiben, was ich tun sollte, anstatt mir *zuzuhören.*

Und als Sie meinten, mein letzter Brief sei richtig »alarmierend«, weil Sie glaubten, ich würde meinen Professor fälschlicherweise furchtbarer Dinge bezichtigen.[12]

Da habe ich mich gefragt, warum Sie bloß den ganzen Weg von New York nach St. Louis gekommen waren, nur um mir zu sagen, dass ich geisteskrank sei.[13]

Ich weiß, ich schreibe Ihnen echt verrückte Sachen, aber meistens kann ich mich einfach nicht bremsen, weil es in meinem Kopf nun mal so zugeht. Ich habe manchmal die verrücktesten Gedanken im Hirn, und es ist nicht leicht, sie mit normalen, lockeren Worten auszudrücken.[14]

---

[10] So als müsste man *Mitleid* mit mir haben.

[11] Das klingt ein bisschen so, als ob man wolle, dass die betreffende Person sich a) umbringt oder sich b) in eine geschlossene Anstalt einliefern lässt.

[12] Natürlich wollte ich ihn nicht wirklich anzeigen, Miss R. Ich bin doch keine komplette Vollidiotin.

[13] An dieser Stelle habe ich WIEDER an Ihren Flug und Ihr Hotelzimmer und Ihren Mietwagen gedacht. Bloß dass ich JETZT ganz anders darüber dachte, eher so: WIESO machen Sie den ganzen Scheiß, bloß um herzukommen und mich zu beleidigen?

[14] Manchmal bin ich ganz fertig und habe das Gefühl, ich möchte

Aber das heißt noch nicht, dass ich »labil« bin oder eine »Auszeit« brauche.

Und darum habe ich im Grunde die ganze Zeit über nichts gesagt. Darum habe ich bloß genickt und bin allein zu meinem Wohnheim zurückgegangen. Darum habe ich Sie eigentlich nicht ein einziges Mal angelächelt oder mich dafür bedankt, dass Sie mich besuchen kommen.

ALSO.

Ich denke, das Beste wäre, wenn wir einander eine Weile nicht mehr schreiben, denn ich glaube, Miss Rita, ich benutze Sie als Krücke. Manchmal ist es ganz schön schwer, ohne Krücke zurechtzukommen, vor allem, wenn einem so richtig die Beine wehtun, aber auf lange Sicht ist es besser so.[15]

---

sterben, und dann schreibe ich einfach »Ich möchte sterben, Miss Rita!!!«, und für Sie hört sich das wahrscheinlich an, als wollte ich mich umbringen. Aber in Wirklichkeit heißt es bloß, dass ich sterben *möchte.* Das ist in dem Moment ein ganz echter Gedanke, aber das heißt nicht, dass ich mich *tatsächlich* umbringen werde. Sie müssen lernen, besser zwischen den Zeilen zu lesen, Miss R.

[15] Habe ich Ihnen je erzählt, wie ich mal ins Camp Firewood fahren musste? Ach du Scheiße, Miss Rita. In der sechsten Klasse hat unsere Schule einen Campingtrip gemacht, eine Woche lang. Und ich hatte bis dahin noch nicht mal woanders *übernachtet*, ganz zu schweigen von einer *Woche* Camping. Ich hatte natürlich totalen Schiss deswegen. Und am Abend vor der Abfahrt hatte ich einen richtigen Zusammenbruch und habe meine Mutter angebettelt, mich nicht mit ins Camp Firewood zu schicken! Ich betete nur noch, dass ich in der Nacht krank werden würde, damit ich aus der Sache rauskäme. (Ich habe mich sogar mit allen Kleidern ins Bett gelegt, weil ich hoffte, mich im Bett zu überhitzen und dann krank zu werden. Aber ich habe bloß total geschwitzt und bin nicht krank geworden.)

Jedenfalls fuhr meine Mutter mich am nächsten Tag zur Schule, wo eine ganze Reihe von Schulbussen darauf wartete, uns für die Woche ins Camp Firewood zu fahren. Ich kriegte so eine Scheißpanik, als ich die Busse sah, weil die Fahrt dadurch auf einmal so *real* wurde.

Ich stieg in den Bus und fand einen Platz weit hinten, und ich versuchte mich zusammenzureißen, aber es war so schwer, nicht loszuheulen. Und dann sah ich durchs Fenster meine Mutter, die in ihr Auto stieg, um wieder nach Hause zu fahren. Sie winkte mir zu, und dann war es komplett vorbei. Ich brach IM BUS zusammen und heulte, und ALLE starrten mich an.

Das war so scheißpeinlich, aber ich konnte einfach nicht aufhören zu schluchzen. Das war wie ein Wasserwerfer aus Tränen und Rotz, der mir da aus dem Gesicht *schoss*. Das sah meine Mutter und stieg in den Bus.

Jetzt heulte ich also total hysterisch UND meine Mutter war eingestiegen, und es war alles so scheißepeinlich. Meine Mutter kam nach hinten, wo ich saß (und wo mich buchstäblich alle anstarrten) und sagte: »Herrgott, Harper. Was ist denn los?« Ich wusste nicht, was ich sagen sollte, weil ich am *liebsten* sagen wollte: »Bitte nimm mich mit nach Hause, Mom! Ich kann nicht eine ganze Woche mit diesen Leuten wegfahren! Ich habe jetzt schon so schreckliches Heimweh, dabei sind wir noch gar nicht losgefahren! Bitte, bitte, bitte schick mich nicht fort!«

Aber weil ich so durch den Wind war, sagte ich schließlich nur: »Mom, ich habe vergessen, Shampoo einzupacken.« (Was auch stimmte, ich hatte wirklich vergessen, das Shampoo mitzunehmen, aber das war natürlich nicht der Grund, wieso ich heulte.) Meine Mutter sagte: »Du könntest dir die Haare doch auch mit einem Stück Seife waschen.« Und ich sagte: »Wirklich?« Und sie antwortete: »Ja, bring sie einfach zum Schäumen und verwende sie dann wie ganz normales Shampoo.« Und ich wieder: »Wird es davon nicht zu trocken?« Und Mom: »Na ja, du solltest bestimmt nicht jeden Tag Seife dafür nehmen, aber eine Woche wird deinem Haar nicht schaden.« Und ich: »Danke, Mom«, und dann beruhigte ich mich ein bisschen. Meine Mutter stieg aus dem Bus, und ich setzte mich hin. Und kein Mensch sagte irgendwas zu mir. Der gesamte Bus hatte dieses bizarre Gespräch zwischen dem heulenden Mädchen und seiner Mutter mitgehört, über die Benutzung von Seife statt Shampoo zum Haarewaschen, und keiner verlor ein Wort darüber. Die ganze dreistündige Busfahrt herrschte SCHWEIGEN.

Aber auf dieser Busfahrt zum Camp Firewood veränderte sich etwas in mir, Miss Rita. Ich wurde ruhiger, und zwar nicht, weil meine Mutter in den Bus gestiegen war oder weil ich mir keine Sor-

Außerdem glaube ich, dass Sie in gewisser Weise eine eingeschränkte Sichtweise haben, Miss Rita, und ich möchte Ihre Ratschläge eigentlich nicht mehr hören.

Auf jeden Fall hoffe ich, dass Sie gut nach Hause gekommen sind.

Machen Sie es erst mal gut …

Harper Jablonski

---

gen mehr darüber machte, wie ich meine Haare waschen sollte. Ich wurde ruhiger, weil ich eine neue Erkenntnis über die Welt gewonnen hatte. Mir wurde klar, dass ich fähig sein würde, in ihr zu leben, und dass ich auch allein zurechtkommen würde. Verstehen Sie? So wie ich zwar kein Shampoo mitgenommen hatte, aber mich darauf einstellen und eben das benutzen konnte, was ich dabeihatte.

Meistens vergesse ich, dass ich diese Fähigkeit habe, und dann drehe ich ein bisschen durch und bin total fertig oder sauer.

Aber manchmal stehe ich unter der Dusche und schäume einfach ein bisschen Seife auf und nehme das als Shampoo (und danach natürlich noch eine Riesenmenge Conditioner).

Und obwohl ich also wirklich zu schätzen weiß, was Sie alles für mich getan haben, glaube ich doch, dass es am besten für mich ist, wenn ich mir eine Weile selbst die Haare wasche, auch wenn es nur mit Seife ist.

V.
DATING

EIN POST-GENDER-NORMATIVER MANN VERSUCHT, AN EINER BAR EINE FRAU AUFZUGABELN

Hey, wie geht's? Was dagegen, wenn ich neben Sie rutsche? Ich habe Sie da alleine sitzen sehen und mir gedacht: »Das ist gut so.« Eine Frau sollte in der Lage sein, selbst klarzukommen. Tatsächlich entscheiden sich viele Frauen ganz bewusst fürs Alleinsein, gerade angesichts der deutlichen Fortschritte beim Mutterschutz und der Verringerung des Gehaltsunterschiedes, und ich finde das eine wichtige und einleuchtende Entwicklung.

Mir fiel auf, dass Sie eben Ihr Glas austrinken wollten, und ich habe überlegt, ob ich Ihnen wohl dabei zuschauen dürfte, wie Sie sich den nächsten Drink bestellen. Und ob

Sie, ohne dass ich mich aufdrängen will, wohl in Betracht ziehen würden, mir einen mitzubestellen.

Was machen Sie so? Und ehe Sie antworten, ich erwarte darauf nicht unbedingt eine berufsbezogene Antwort. Ich finde nicht, dass wir uns allein durch unsere professionelle Ausrichtung definieren lassen sollten, schon gar nicht, wenn die antiquiert und heteronormativ ist. Ich verfluche meine Mutter – sonst eine ganz und gar liebenswerte Frau –, weil sie mir als Kind keinen Spielzeugherd geschenkt hat. Stattdessen habe ich männliche Rüpel wie Neil Armstrong oder Jimmy Carter verehrt. Und ja, ich arbeite beim Sportsender ESPN, aber ich widme unter anderem dem spirituellen Leben und dem Überwinden von Widrigkeiten mehr Zeit als der Arbeit für einen seelenlosen Konzern. Und sollte ich eine Gefährtin finden, ob nun Sie oder eine andere von den heute hier Anwesenden, dann würde ich den »herrschenden Mächten« nur zu gern die Kündigung einreichen, damit ich unsere Nachkommen mithilfe genderneutraler Beschäftigungen großziehen kann, während meine biologisch weibliche Partnerin weiterhin ihren Interessen nachgeht, ob das nun Beruf oder Freizeit oder gar sexuelle Aktivitäten mit anderen Partnern sind.

Ach, wie tölpelhaft von mir! Da quatsche ich die ganze Zeit daher wie eine Plaudertasche und habe mich noch nicht mal richtig vorgestellt. Obwohl sich dabei oft das ungute Gefühl einschleicht, dass die patriarchale Gesellschaftsordnung eine angelernte und letztlich schädliche Ereignisreihenfolge diktiert, bei der Männer eine unverdiente Führungsrolle übernehmen. Ich heiße Terri, mit einem Herz über dem i statt eines Punktes. Ich habe ein

Herz, soll das bedeuten, und ich scheue mich nicht, es auf der Zunge zu tragen.

Also, was meinen Sie? Würden Sie gern mein Angebot annehmen und mir einen Drink spendieren?

Wenn Sie darauf reagieren wollten, wäre das wunderbar. Wenn Sie allerdings lieber schweigend hier sitzen bleiben und mich durchdringend anstarren wollen, was sowohl unsere Geschlechterkonstruktionen durchbricht als auch mich ein bisschen ängstigt, dann wäre das auch vollkommen in Ordnung.

Was sagen Sie? Ich soll mich selbst ficken? Ich stimme Ihnen zu! Männer sollten sich viel mehr selbst reproduzieren! Vielen Dank für diese scharfsichtige Beobachtung. Warum müssen ausschließlich Frauen die Last des Kinderkriegens schultern, wo Männer doch biologisch dazu verdammt sind, jede Bindung zu fürchten? Das ist nicht nachzuvollziehen und gesellschaftlich herabwürdigend.

Ahh, ist dieses Bier erfrischend! Vielen Dank, dass Sie es mir an diesem warmen Sommerabend ins Gesicht schütten.

Okay, okay! Ich gehe schon.

Haben Sie vielen Dank für Ihre unverblümte Ablehnung. Dazu braucht es Mut, den Sie zweifelsohne in ebensolchem Maß besitzen wie jeder andere Mensch. Wenn Sie mich jetzt entschuldigen wollen, dann gehe ich auf die Männertoilette, wo ich in einer Kabine still vor mich hinweinen und meiner Mutter Textnachrichten schicken werde, doch zunächst möchte ich Ihnen für die Zeit danken, die Sie mir geschenkt haben und die ebenso wertvoll ist wie meine eigene.

EINE POST-GENDER-NORMATIVE FRAU VERSUCHT, AN EINER BAR EINEN MANN AUFZUGABELN

Hey, wie geht's? Nein, bleiben Sie sitzen; ich bleibe stehen.

Ich habe Sie da alleine sitzen sehen und mir gedacht: »Wie traurig. Ein Mann sollte nicht so einsam an der Bar sitzen müssen. Sie haben es schwer genug damit, einem unerreichbaren Ideal von Männlichkeit entsprechen zu müssen, das durch ein antiquiertes patriarchales System phallokratischer Normen aufrechterhalten wird.«

Mir fiel auf, dass Sie eben Ihr Glas austrinken wollten, und ich habe überlegt, ob ich Ihnen wohl den nächsten Drink ausgeben dürfte. Ich kann hier anschreiben lassen. Man kennt mich. Ich bin eine ziemlich starke Trinkerin.

Ich habe zwar den ganzen Abend Irish Car Bombs in mich reingeschüttet, aber ich steige auch gern auf Cosmopolitans um, wenn Ihnen das lieber ist.

Vielleicht ist ein Cosmo sowieso die bessere Idee. Nicht wegen der rosa Farbe oder der eleganten Zitronenschale, sondern weil er weniger Alkohol enthält und ich morgen wieder ziemlich früh aufstehen muss wegen meines Jobs in der Führungsriege.

Ich weiß ja nicht, wie Ihr Stundenplan für morgen früh aussieht – wer weiß, ob Sie Schulbrote schmieren oder als Hebamme arbeiten –, aber ich muss pünktlich um sechs Uhr dreißig aus dem Bett. Hauptsächlich, um ins Fitnessstudio zu gehen. Und das weniger, weil ich meine straffe weibliche Figur in Form halten möchte, sondern eher, weil der morgendliche Adrenalinstoß mir den richtigen Kopfkick für die Konzernspielchen gibt. Ich lebe auf einem Minenfeld, und das Studio macht mich zum Panzer.

Ich sollte vielleicht erwähnen, dass ich mich Ihnen einzig und allein in der Absicht nähere, Sie ins Bett zu kriegen. Am besten heute Nacht. Ich habe Ihren Körper vom anderen Ende der Bar taxiert und mir überlegt, dass ich ganz unabhängig von Ihrem Charakter gern Sex mit Ihnen hätte. Ich weiß, wir sind uns gerade erst begegnet, aber ich lasse mich gern von einem Fremden penetrieren, der keinerlei gefühlsmäßige Bindung erwartet. Vielleicht bin ich da ein wenig altmodisch.

Ach, wie tölpelhaft von mir! Da quatsche ich die ganze Zeit daher wie ein Grammophon und habe mich noch nicht einmal richtig vorgestellt. Ich heiße Terri, mit einem

Dollarzeichen über dem i. Ich schäme mich nicht für mein Geld, soll das heißen, vor allem, wenn es mir wegen meines körperlichen Einsatzes und meiner intellektuellen Fähigkeiten zukommt.

Also, was meinen Sie? Würden Sie gern mein Angebot annehmen, Ihnen den nächsten Drink auszugeben? Nein? Und was ist mit dem leichtfertigen Sex? Wir könnten in meine Wohnung gehen, die im Augenblick allerdings ziemlich dreckig ist. Eigentlich eher ein Matratzenlager. Ein Landeplatz für mich und meinen Steelers-Fankühlschrank voll mit amerikanischem Bier.

Was sagen Sie? Ich belästige Sie? Wie furchtbar. Und wahrscheinlich werden Sie mich nicht mal anzeigen. Männer zeigen Belästigung und Misshandlung viel zu selten an, weil es ihrer fehlgeleiteten archaischen Männlichkeit und ihrem Stolz widerspricht. Dabei ist es wichtig, die Behörden so schnell wie möglich auf jedes aggressive Verhalten einer Frau aufmerksam zu machen. Aus einem freundlichen Schulterklopfen wird schnell ein nicht mehr ganz so spielerischer Stoß, und dann wird ein Mann um drei Uhr morgens zwei Treppenabsätze hinuntergeschubst.

Ich sage nur: Frauen sind gefährlich.

Nein, nein! Rufen Sie nicht den Barkeeper, der ist schon den ganzen Tag auf den Beinen. Ich gehe einfach.

Nein, nein! Halten Sie mir nicht die Tür auf, ich bin absolut noch imstande, allein hinauszugehen.

Und machen Sie sich keine Gedanken um mich. Ich werde mich einfach auf den Weg nach Hause machen, vor dem Fernseher zu Abend essen und in einem unförmigen Pyjama einschlafen. Doch zunächst möchte ich Ihnen für die Zeit danken, die Sie mir geschenkt haben, die in etwa zwei Drittel so viel wert war wie meine eigene.

EIN TYP AUF LSD VERSUCHT, AN EINER BAR EINE FRAU AUFZUGABELN

Hey, wie geht's? Was dagegen, wenn ich mich neben Sie setze? Ich habe Sie ganz allein da sitzen sehen und angefangen zu weinen. In gewisser Weise sind wir alle allein, aber in einer Bar allein zu sein, an einem Ort, der ganz explizit dafür gemacht ist, andere Menschen zu treffen – und was sind Menschen eigentlich? Nichts als kohlenstoffbasierte Lichtbrechungen – das war besonders verstörend. Möchten Sie ein Kaugummi? Ich habe noch vier übrig.

Warten Sie auf jemanden? Es ist immer so unangenehm, jemanden an der Bar anzusprechen und zu erfahren, dass er oder sie auf jemanden wartet. Ich habe heute Abend auch auf jemanden gewartet, aber sie ist nicht gekommen. Auf meine Mutter nämlich, die ist bei einem Autounfall gestorben, als ich sieben war.

Aber eigentlich ist sie nicht tot. Ich habe Sie angelogen, weil ich es nicht wahrhaben will, dass sie in Wirklichkeit doch tot ist. Das ist wie mit dem Pandababy, das von einem Wissenschaftler seiner Mutter entrissen wird. Ich bin das Pandababy, meine Mutter ist die Pandamutter, und die schadhaften Bremsbeläge an ihrem Auto stehen für den Wissenschaftler. Haben Sie schon mal ein Baseballspiel gesehen? Wissen Sie, wie man Feuer macht? Ich würde in der Wildnis sofort sterben. Möchten Sie ein Kaugummi? Ich habe noch drei übrig.

Also, wollen Sie mit mir ausgehen? War ein Witz, wir sind ja schon aus. Wir sind aus. Was soll *aus* eigentlich bedeuten? Wir bestehen alle aus Kohlenstoff! Wollen Sie Sex mit mir haben, wollte ich eigentlich fragen. Wollen Sie? Ich meine natürlich nicht *hier*, das wäre ein bisschen peinlich, meine Mutter könnte jeden Moment reinkommen, aber wir könnten in meine Wohnung gehen, wo es stinkt, weil ich die Toilettenspülung so selten benutze, um Wasser zu sparen. Aber bevor ich hergekommen bin, habe ich gespült, weil ich schon damit gerechnet habe, eine Frau wie Sie zu treffen, die so etwas abstoßend findet. Jetzt habe ich bloß noch zwei Streifen Kaugummi übrig! Für diese Kaugummipackung schlägt bald das letzte Stündlein! In hundert Jahren sind wir alle tot!

Was trinken Sie denn? Total schräg, dass Leute in Läden wie diesem Alkohol trinken, nur um miteinander ins Gespräch zu kommen. Alkohol ist Gift, wissen Sie? Reines Gift, das aus verfaulenden Früchten und Gemüse gemacht wird. Ist das nicht total schräg? Und dann steigen wir in unsere Autos und fahren nach Hause! Was für eine Superidee: *Hey, ich setze mich jetzt in diesen Todeskäfig aus Glas und Metall und rase mit hundert Stundenkilometern durch die Dunkelheit! Ist ja nicht so, als hätte ich einen Sohn, der mich braucht!*

Sie haben übrigens wunderschöne Augen. Wie das Licht in Ihrem Iris-Stroma durch das Kammerwasser verteilt wird und dadurch eine blaugrüne Farbe erzeugt, zieht mich aus irgendeinem Grund an. Ihr Körper auch. Ihr Dekolleté erregt mich auf fleischliche Art, allerdings nicht nachhaltig, und dass Sie Ihre Beine in diesem kurzen Rock zur Schau stellen, lässt mich vermuten, dass Sie unbedingt Sex mit jemandem haben wollen, und mir geht es genauso. Obwohl ich weiß, dass Sie lediglich aus Kohlenstoff bestehen und wir größtenteils aus den gleichen chemischen Verbindungen gemacht und nur Lichtbrechungen im unendlichen All sind, will ich doch mit Ihnen schlafen. Und obwohl ich weiß, dass Sie genetisch fast identisch mit der Frau am anderen Ende der Theke sind, die mit dem leichten Überbiss, möchte ich doch viel lieber mit Ihnen schlafen als mit ihr.

Was sagen Sie? Ihr Freund ist gerade aufgetaucht? Ah ja, ich verstehe schon, warum Sie lieber mit ihm zusammen sind. Er sieht besser aus als ich. Ich schäme mich für meine physische Erscheinung. Mein Brustbein sieht komisch aus, seines hingegen begehrenswert. Kann er Feuer machen? Möchte er wohl mein letztes Kaugummi?

Ah ja! Wie mein Gesicht sich anfühlt, nachdem Sie Ihr Bier darübergeschüttet haben, das ist einfach beglückend!

Danke, dass Sie zu dieser später Stunde mein Nervensystem so wunderbar beleben.

Au! Vielen Dank, Sir, dass Sie mir mit der Faust ins Gesicht schlagen, um Ihre Freundin vor meinen fieberhaften Zudringlichkeiten zu retten. Jetzt schießt mir das Blut ins Gesicht und versucht verzweifelt, den Schmerz abzumildern, und mein präfrontaler Cortex notiert sich, in Zukunft kohlenstoffbasierten Lebensformen mit einem so einwandfrei gebauten Brustbein wie Ihrem aus dem Weg zu gehen.

Okay, okay! Ich gehe ja schon!

Wenn Sie meine Mutter sehen, richten Sie ihr bitte aus, dass ich auf der Toilette sitze und meine Wunden lecke. Und wenn das Mädchen mit dem Überbiss Anstalten macht zu gehen, richten Sie ihr aus, dass sie noch ein paar Minuten warten soll, weil ich immer noch Lust auf Sex hätte. Ich wünsche Ihnen eine gute Nacht, die allerdings nur eine willkürliche Illusion ist, hervorgerufen von der Abschirmung der Sonne durch die Erde.

EIN LEBENSLANGER ABSTINENZLER, DEM SEINE NÜCHTERNHEIT PEINLICH IST, VERSUCHT, AN EINER BAR EINE FRAU AUFZUGABELN

Hey, wie geht's? Was dagegen, wenn ich mich neben Sie setze? Ich habe Sie ganz allein dasitzen sehen und mir gedacht: »Super. Ich liebe Alkohol. Steh ich total drauf.«

Was trinken Sie denn da? Alkohol pur? Cool. So mag ich ihn auch am liebsten. Unvermischt. Unverdünnt.

Ich? Ginger Ale. Die Ruhe vor dem Sturm sozusagen. Also vor dem *Alkoholsturm*. Dauert nicht mehr lange, dann werde ich Alkohol trinken, ich sorge nur für eine Grundlage, und dann wird ernsthaft gezecht.

Was bringt Sie denn her? Die gut ausgestattete Bar, nehme ich an? Die haben hier wirklich alle nur denkbaren Sorten Alkohol, und das ist megacool. Früher fand ich das richtig überwältigend, wie viele verschiedene alkoholische Getränke es gibt, aber inzwischen trinke ich so viel, dass ich alles durchprobieren kann. Wodka ist wohl mein Favorit. Aber Rum mag ich auch, das ist eine andere Alkoholsorte, die aus Zuckerrohr gebrannt wird, total cool.

Also …

Haben Sie schon die Werbung für diesen neuen Wodka gesehen? Sieht echt gut aus. Schmeckt bestimmt super. Und ist womöglich auch stärker als der alte, was natürlich toll wäre. Hoffen wir mal das Beste. In dem Werbespot sehen alle so aus, als hätten sie jede Menge Spaß, was auch kein Wunder ist – schließlich trinken sie Alkohol. Und am Ende heißt es dann: »Vernünftig genießen«. Was in meiner Welt so viel bedeutet wie »Jeden Tag trinken!«.

Cool …

Ich vertrage im Augenblick echt unheimlich viel.

Ich habe ein bisschen recherchiert, weil man sich nicht sicher ist, wo und wann Wodka erfunden wurde – der Name ist übrigens die Verkleinerungsform von *woda*, dem altkirchenslawischen Wort für »Wasser«. Manche sagen, er wurde im Russland des 9. Jahrhunderts zum ersten Mal gebrannt, andere sagen, das passierte schon ein Jahrhundert früher und in Polen. Ich weiß nur: Wenn ich saufe, fühle ich mich lebendig! Genau. Ich trinke Wodka ja andauernd, und es ist mir vollkommen *egal*, wann er erfunden wurde. Manchmal denke ich sogar, wenn es ihn nicht schon gäbe, hätte *ich* ihn erfunden. Ich meine, man braucht doch bloß so einen Brei aus irgendwelchen Kohlehydraten, muss Hefe hinzufügen und das Ganze dann in einer Brennblase destillieren, danach das Methanol abscheiden, den Rest filtern und schließlich noch verdünnen. Und dann natürlich das Beste: trinken!

Zu Zeiten des Sozialismus war der Wodka offenbar rationiert, was echt zum Kotzen gewesen sein muss. Ich hätte mir da ganz sicher Schuhe mit hohlen Absätzen besorgt. Sie wissen, was ich meine!

Ja, ich trinke schon richtig lange. Wahrscheinlich rauche ich auch, wer weiß. Ich glaube, das erste Mal habe ich mit zwölf oder so gesoffen. Ich bin einfach gern betrunken, und ich trinke gern.

Manchmal bin ich derart blau.

Also, was meinen Sie? Sollen wir zu mir gehen und dort weiter gemeinsam Alkohol trinken? Ich könnte Ihnen mein Periodensystem des Alkohols zeigen, das ist so ein großes Diagramm, das ich gezeichnet habe, auf dem alle Arten alkoholischer Getränke nach ihrem Alkoholgehalt in Volumenprozenten angeordnet sind, von mildem Cider bis hin zu Spiritus.

Nein? Da stehen Sie nicht drauf? Wie wäre es, wenn wir in einen Park gehen und Alkohol trinken? Auch nicht? Und wenn wir zu Ihnen gehen, wo wir Alkohol trinken und womöglich später Sex miteinander haben? Aber sehen Sie sich vor, ich werde bestimmt versuchen, Sie mit Alkohol zu überschütten und den später beim Sex von Ihrem Körper zu trinken. Nicht weil ich das besonders erregend finde, sondern einfach, weil ich ungern *keinen* Alkohol konsumiere, egal zu welcher Zeit oder bei welcher Beschäftigung.

Ah! Danke, dass Sie mir diesen Alkohol ins Gesicht geschüttet haben. So kann ich ihn schneller zu mir nehmen, Sie haben ihn nämlich viel druckvoller und heftiger in meinen Mund geschüttet, als ich ihn auf traditionellem Weg hinunterkriegen könnte. Aber wenn Sie mich jetzt entschuldigen wollen, ich laufe rasch zur Toilette, weil ich mir den Alkohol aus dem Mund spülen muss. »Aus dem Mund spülen« im Sinne von den Gaumen für weiteren Alkohol vorbereiten. Weil ich so gerne trinke.

Bevor ich gehe, bestelle ich aber noch schnell einen letzten Drink. Hey, Barkeeper! Noch ein Eiswasser, bitte! Er weiß schon, was ich meine. »Eis« ist das Codewort für Wodka, und »Wasser« ist das Codewort für – richtig geraten – noch mehr Wodka. Der wird mir schon bringen, was ich brauche. Er ist mein Freund. Bin schließlich oft genug hier und trinke Alkohol.

Ich wünsche Ihnen noch einen schönen Abend, der nur durch Alkoholtrinken noch schöner werden kann, was ich bereits getan habe und auch in Zukunft vorhabe zu tun.

VI.
SPORT

SPORTKOMMENTATOR MARV ALBERT IST MEIN THERAPEUT

Ich: Hi, Dr. Albert.

Marv Albert: Hier herrscht heute Abend echte Play-off-Atmosphäre!

Ich: Na ja, die Woche war hart. Meine Mutter war zu Besuch.

Marv Albert: Direkt aus dem Herzen der Stadt!

Ich: Und natürlich hat sie mich sofort gefragt, ob ich noch mit Sarah schlafe.

Marv Albert: Deutlich übergetreten!

Ich: Haargenau. Das geht sie überhaupt nichts an.

Marv Albert: Unfassbar!

Ich: Und Sarah ruft mich nicht einmal zurück.

Marv Albert: Abgeblockt!

Ich: Gestern Abend habe ich sie bestimmt ein Dutzend Mal angerufen.

Marv Albert: Zwölf am Stück! Ohne Erwiderung!

Ich: Ich weiß gar nicht, wieso mich das wundert. Wir sind seit Monaten nicht mehr intim.

Marv Albert: Schafft es nicht in den Strafraum!

Ich: Genau.

Marv Albert: Kein Durchkommen!

Ich: Sieht so aus.

Marv Albert: Findet das Loch nicht!

Ich: Das ist ein bisschen krass ausgedrückt, aber klar. Egal, ich habe ein anderes Mädchen kennengelernt, Becky.

Marv Albert: Eiskalt ausgekontert!

Ich: Sie ist Kellnerin.

Marv Albert: Geschenkte Punkte!

Ich: Hat gerade eine unschöne Scheidung hinter sich.

Marv Albert: Kinderleichter Korbleger!

Ich: Und hat sich seit Jahren nicht mehr mit einem Typen verabredet, sagt sie.

Marv Albert: Praktisch ohne Gegenwehr!

Ich: Schien alles ziemlich gut zu laufen. Ich habe sie in meine Wohnung mitgenommen.

Marv Albert: Eine vielversprechende Anfangsphase!

Ich: Wir lagen auf dem Bett –

Marv Albert: Hervorragende Technik!

Ich: Danke, Dr. Albert, aber plötzlich ist sie total ausgetickt und mit irgendwelchen komischen Ausreden gekommen –

Marv Albert: Eine echte Gefühlsexplosion!

Ich: Genau!

Marv Albert: Tumultartige Szenen!

Ich: Ganz richtig. Und zwar völlig grundlos.

Marv Albert: Da bleibt nur eins: Foulspielen!

Ich: Was?

Marv Albert: Da muss man zum Foul greifen!

Ich: Was genau wollen Sie mir vorschlagen?

Marv Albert: Wenn das Spiel auf der Kippe steht, muss man foulen!

Ich: Ich würde ihr niemals wehtun.

Marv Albert: Dann ist das Spiel gelaufen.

Ich: Ja, sie hat sich die Jacke übergeworfen und ist rausgelaufen.

Marv Albert: Schrittfehler!

Ich: Ich habe ihr also hinterhergerufen.

Marv Albert: Schrittfehler angezeigt!

Ich: Aber sie ließ mich einfach sitzen, ich konnte es nicht fassen –

Marv Albert: Davon erholt er sich nicht mehr!

Ich: Dann versuchte ich, ihr nachzulaufen.

Marv Albert: Versucht den schnellen Konter zu unterbinden!

Ich: Aber da hat sie mir die Tür vor der Nase zugeknallt.

Marv Albert: Heftige Demütigung!

Ich: Da stehe ich also allein in meiner Wohnung –

Marv Albert: Jetzt lässt er einfach die Uhr runterlaufen!

Ich: Und da ging es mir natürlich wieder ganz furchtbar wegen Sarah.

Marv Albert: Zwei Heimniederlagen nacheinander!

Ich: Was meinen Sie, ob ich je über sie hinwegkomme?

Marv Albert: Und nun ein paar Informationen unseres Sponsors.

Ich: Was?!

Marv Albert: Schauen Sie noch heute bei Ihrem Ford-Händler vorbei und buchen Sie Ihre Probefahrt mit dem neuen SUV: Ford Flex.

Ich: Ich kann mir im Augenblick kein Auto leisten.

Marv Albert: Es ist der beste Wagen seiner Klasse.

Ich: Ich war nie der Beste in meiner Klasse.

Marv Albert: Sind Sie in letzter Zeit mal Ford gefahren?

Ich: Ich kann nicht fahren.

Marv Albert: Und da sind wir wieder!

Ich: Ich habe doch die ganze Zeit hier gesessen.

Marv Albert: So leicht lässt er sich nicht vom Platz schießen!

Ich: Na ja, ich habe ja auch eine volle Stunde bezahlt.

Marv Albert: Die reguläre Spielzeit ist abgelaufen, es geht in die Verlängerung!

Ich: Ehrlich? Schon?

Marv Albert: Ja!

Ich: Kostet mich das extra?

Marv Albert: Ja!

Ich: Wie viel?

Marv Albert: Double.

Ich: Doppelt?

Marv Albert: Triple.

Ich: Dreifach?

Marv Albert: Triple-double!

Ich: Hat meine Versicherung gesagt, dass sie das übernimmt?

Marv Albert: Abgeschmettert!

Ich: Hab ich mir gedacht.

Marv Albert: Vielleicht geht hier noch was!

Ich: Dr. Albert, ich habe das Gefühl, es gibt nichts mehr, wofür es sich zu leben lohnt.

Marv Albert: Das sieht nicht gut aus!

Ich: Manchmal habe ich das Gefühl, ich sollte einfach aus dem Fenster springen.

Marv Albert: Sprungwurf von der Drei-Punkte-Linie!

Ich: Ich habe das Gefühl, das ist die einzige Lösung.

Marv Albert: Ein schneller Abgang!

Ich: Haargenau!

Marv Albert: In die Schnittstelle!

Ich: Wie bitte?

Marv Albert: Mitten ins Herz!

Ich: Das klingt jetzt ein wenig blutig –

Marv Albert: Was für ein Knaller!

Ich: Sie meinen eine Schusswaffe?

Marv Albert: Todsichere Gelegenheit!

Ich: Ziemlich verlockend.

Marv Albert: Mit einem Schuss könnte alles vorbei sein!

Ich: Das wäre so einfach.

Marv Albert: Technisch sauber ausgeführt!

Ich: Okay, ich tu's.

Marv Albert: Aber nicht auf diesem Spielfeld!

Ich: Keiner würde mich vermissen.

Marv Albert: Verlorene Punkte, die sich leicht verschmerzen lassen!

Ich: Der Welt ginge es besser ohne mich, stimmt's?

Marv Albert: Jawohl! Und es zählt!

CARMELO ANTHONY UND ICH ERZÄHLEN UNSEREN FREUNDEN VON EINEM SPONTANEN EINS GEGEN EINS IM YMCA

Ich: Hey, Leute! Tut mir leid, dass ich zu spät komme.

Carmelo Anthony: Hey, Leute! Tut mir leid, dass ich zu spät komme.

Ich: Mir ist gerade was Unglaubliches passiert!

Carmelo Anthony: Mir ist gerade was unglaublich Nerviges passiert.

Ich: Ich war in der Sporthalle vom YMCA, habe ein paar Körbe geworfen …

Carmelo Anthony: Ich bin mal wieder im YMCA hängen geblieben.

Ich: … und was glaubt ihr, wer da *direkt* neben mir wirft?

Carmelo Anthony: Neben mir hat so ein mageres Weißbrot ständig daneben geworfen.

Ich: Carmelo Anthony! Melo Yellow persönlich! Ich konnte es nicht fassen. Bin schon ewig ein Riesenfan von ihm.

Carmelo Anthony: Wahrscheinlich einer von diesen Typen, die zwei Mal im Jahr zu einem Spiel kommen und sich dann als Riesenfan bezeichnen.

Ich: Ich war diese Saison sogar schon bei zwei Spielen. Aber ich bin erst mal ganz cool geblieben, hab mich zurückgehalten, mein Spiel durchgezogen.

Carmelo Anthony: Er hat die ganze Zeit so lächerliche Distanzwürfe gemacht, um mich zu beeindrucken.

Ich: Ab und zu habe ich ihm mal einen kurzen Blick zugeworfen.

Carmelo Anthony: Dabei hat er mich die ganze Zeit angestarrt.

Ich: Und es kam mir so vor, als ob er gern Gesellschaft gehabt hätte.

Carmelo Anthony: Ich wollte einfach nur in Ruhe gelassen werden.

Ich: Also bin ich zu ihm hingegangen und hab gesagt: »Hey, Melo, wie wär's mit nem kleinen Eins gegen Eins?«

Carmelo Anthony: Und er so *ahmt eine Loserstimme nach:* »Äh … Mr. Anthony, ich bin ein Riesenfan von Ihnen.«

Ich: Und Melo so: »Meinst du, *du* kannst gegen *mich* antreten?«

Carmelo Anthony: Und ich so: »Wir können ja ein, zwei Runden spielen.«

Ich: Also ich so: »Ich bin bereit.« Ist das zu fassen, dass ich das gesagt habe? »Ich bin bereit.«

Carmelo Anthony: Darauf er *ahmt eine hohe Mädchenstimme nach:* »Vielen, vielen Dank, Mr. Anthony! Das ist so eine Ehre! Das werden mir meine Freunde nie im Leben glauben.«

Ich: Also schlug ich vor, dass wir einer mit und einer ohne T-Shirt spielen.

Carmelo Anthony: Ich glaube, der Typ dachte, wir machen ein richtiges Spiel.

Ich: Nur für den Fall, dass noch mehr Leute dazukommen und wir richtige Mannschaften werden.

Carmelo Anthony: Ehe ich noch sagen konnte, dass ich auf keinen Fall mein Shirt ausziehe …

Ich: Ich hab also mein Shirt ausgezogen.

Carmelo Anthony: Ich hätte beinahe gekotzt.

Ich: Ich hab in den letzten Monaten echt gut zugelegt. Jede Menge Bauchpressen.

Carmelo Anthony: Er sah aus wie die Kinder in diesen Hungerhilfe-Videos.

Ich: Hab mittlerweile ein richtiges Sixpack. Ich glaube, er war ein bisschen geschockt.

Carmelo Anthony: Es war echt ein bisschen schockierend, dass man jede seiner Rippen sehen konnte.

Ich: Ich hab mir also den Ball geschnappt.

Carmelo Anthony: Ich hab ihm also den Ball überlassen.

Ich: Und hab versucht, an ihm vorbeizuziehen.

Carmelo Anthony: Ich glaube, er wollte mich umdribbeln.

Ich: Aber er war echt schnell.

Carmelo Anthony: Ich hab mich nicht vom Fleck gerührt. Wortwörtlich.

Ich: Und dann hat er mich voll geblockt!

Carmelo Anthony: Ich hab kaum die Hand gehoben, und er ist irgendwie dagegen gerannt.

Ich: Und Melo so: »Nicht mit mir!«

Carmelo Anthony: Ich glaube, ich hab mich sogar bei ihm entschuldigt. Eher so ein Reflex. So wie wenn man einer Katze auf den Schwanz tritt und sagt: »Oh, sorry, Katze!«

Ich: Aber wir waren beide total dabei.

Carmelo Anthony: Während er da also herumhampelte, konnte ich endlich den Artikel aus dem *Economist* zu Ende lesen, den du mir gemailt hast.

Ich: Das war so, als wären wir beide die letzten Menschen auf dem Planeten.

Carmelo Anthony: Es ist eine totale Schande, wie die nicaraguanischen Kaffeebauern ausgebeutet werden.

Ich: Ich glaube, er ist schon länger nicht mehr richtig gefordert worden.

Carmelo Anthony: Also hab ich beschlossen, ihm den Ball wiederzugeben. Damit es schneller vorbeigeht.

Ich: Ich hab ihm den Ball unterm Korb wieder abgenommen, und dann hab ich ihm ein paar meiner Moves gezeigt.

Carmelo Anthony: Ständig hat er den Ball durch seine Beine gedribbelt.

Ich: Ich hab den Harden Eurostep gebracht, den Rondo No-Look-Pass, den J Craw Stepback.

Carmelo Anthony: Aber der Ball ist ihm einfach vom Knie abgeprallt und ins Aus. Wahnsinnig peinlich.

Ich: Was für eine Power mir das gegeben hat! So habe ich seit Highschool-Zeiten nicht mehr gespielt.

Carmelo Anthony: Der hatte eindeutig noch nie gegen einen anderen leibhaftigen Menschen gespielt. Und das Schlimmste war …

Ich: Ach, das Beste habe ich euch noch gar nicht erzählt!

Carmelo Anthony: Nebenan war so eine Yogalehrerin, die gerade einen Kurs gab, und der Ball flog immer wieder in ihre Richtung.

Ich: Da war so eine Yogatussi nebenan, die starrte mich irgendwie die ganze Zeit so an.

Carmelo Anthony: Jedes Mal, wenn sie uns den Ball zurückbrachte, hab ich gedacht, sie würde den Typen am liebsten umbringen.

Ich: Die stand total auf mich, brachte mir immer den Ball zurück …

Carmelo Anthony: Und dann fing er doch tatsächlich an, dumm rumzulabern. Hast du schon mal einen mageren Weißen gehört, der auf dem Platz dumm rumlabern möchte?

Ich: Und dann haben wir uns ein bisschen was an den Kopf geschmissen.

Carmelo Anthony: Als ob ein Chihuahua einen Hydranten anbellt.

Ich: Und ich so: »Ich mach dich fertig wie ein rothaariges Stiefkind!«

Carmelo Anthony: Er hat irgendwas Widerliches mit Kindesmisshandlung gesagt.

Ich: Und er hatte eindeutig Schiss.

Carmelo Anthony: Ich hatte tatsächlich ein bisschen Schiss. Er sah total übergeschnappt aus.

Ich: Ich also weiter: »Ich hoffe, du hast ein bisschen Toast mitgebracht, Melo, ich werde dich nämlich wie Butter draufschmieren!«

Carmelo Anthony: Dann sagte er irgendwas total Ekliges, also hielt ich einfach den Mund.

Ich: Er war sprachlos!

Carmelo Anthony: Die Leute fingen schon an, uns anzustarren, also hab ich gesagt: »Nächster Korb entscheidet.«

Ich: Damit hab ich ihn wohl kleingekriegt, er sagte nämlich: »Tut mir leid, Bro, ich hab nur noch eine Minute.«

Carmelo Anthony: Und dann hab ich ihm den Ball gegeben.

Ich: Ich hab mir also die Kugel geschnappt.

Carmelo Anthony: Und er dribbelte in die falsche Richtung los.

Ich: Ich lief bis zu meinem liebsten Wurfpunkt.

Carmelo Anthony: Dann drehte er sich um und schleuderte das Ding von der Mittellinie aus los.

Ich: Und holte einen Wahnsinnswurf übers halbe Feld raus!

Carmelo Anthony: Der Ball flog alles andere als Richtung Korb.

Ich: Das Ding steuerte direkt auf den Ring zu.

Carmelo Anthony: Ich sah schon, der würde gegen das Brett knallen und wieder zum Yogamädchen fliegen.

Ich: Und ich merkte, das Yogamädchen sah wieder zu.

Carmelo Anthony: Ich tat also das einzig Vernünftige.

Ich: Und dann machte Melo was absolut Bescheuertes.

Carmelo Anthony: Ich sprang hoch und langte nach dem Ball.

Ich: Er blockte meinen Wurf, dabei war er schon fast drin! Foul!

Carmelo Anthony: Ich lenkte den Ball ganz locker in den Korb, hatte das Spiel gewonnen und, ehrlich gesagt, dem Mädchen das Leben gerettet.

Ich: Und dann tat er so, als ob er gewonnen hätte!

Carmelo Anthony: Aber der Typ tat so, als ob *er* gewonnen hätte!

Ich: Aber ich wollte nicht drauf herumreiten, war ja bloß ein Freundschaftsspiel.

Carmelo Anthony: Ihr wisst ja, im YMCA zu trainieren ist immer irgendwie nervig, aber das war echt zu viel.

Ich: Ich glaube, wir könnten jetzt zu ganz schön krassen Rivalen geworden sein.

Carmelo Anthony: Ich hoffe, den kriege ich nie wieder zu Gesicht.

Ich: Könnte zu so was wie ner Dauereinrichtung werden.

Carmelo Anthony: Auf dem Weg nach draußen habe ich sofort meine Mitgliedschaft gekündigt.

Ich: Darum ist New York die grandioseste Stadt der Welt.

Carmelo Anthony: Darum muss ich unbedingt weg aus New York.

Ich: Ständig trifft man die coolsten Leute.

Carmelo Anthony: Ständig belästigen einen die schrägsten Typen.

Ich: Aber eins hab ich dabei gelernt …

Carmelo Anthony: Jeder kann einen an der Waffel haben und gefährlich werden.

Ich: … jeder ist genauso normal wie ich.

EIN PAARBERATER VERSUCHT, BEI EINEM SPIEL DER NEW YORK KNICKS REINZURUFEN

Vorwärts Knicks!!! Aber wir wollen auch die positiven Aspekte der gegnerischen Mannschaft anerkennen!!!

Na los, Knicks!! Aber bitte bedenkt, dass ich nur Knicks-Anhänger geworden bin, weil ich in der Stadt wohne, wo sie ihre Halle haben, und dieses Merkmal ist ebenso willkürlich wie die Verteilung der Spieler auf die einzelnen Mannschaften!!! Das heißt, ich könnte ebenso gut das andere Team unterstützen, wenn ich zufällig in der Stadt leben würde, wo sie ihre Spiele austragen!!!

Melo, du bist so ein Lutscher! Dabei würdest du in manchen Kulturen sogar dafür verehrt! Die Yanomami-

Indianer zum Beispiel tun so, als würden sie an etwas lutschen, um die sichere Durchreise zum Nachbarstamm anzuzeigen!!!

Schiri, bist du blind?! Wenn ja, dann wäre es wirklich unglaublich, dass du die Partie bis zu diesem letzten Spielzug so fehlerfrei geleitet hast, auch wenn ich die angesprochene letzte Entscheidung aufgrund meines besseren Blickwinkels in Zweifel ziehen muss!!! Das sage ich natürlich als Laie, du hast sicher den fachlich besseren Überblick, um die Ereignisse angemessen zu bewerten!! Ich respektiere deine handwerklichen Fähigkeiten und Einsichten, und in gewisser Weise *schätze* ich deine Fehlentscheidungen sogar! Sie zeigen mir, dass du ein Mensch bist, und das ist gesund! Fühl dich wohl in deiner Haut, und erinnere dich in solchen Momenten daran, wie oft du mit deinen Pfiffen richtiggelegen hast!! Die Welt ist so kompliziert!

ABWEHR! ABWEHR! Aber auch ANGRIFF! ANGRIFF! Damit wir nicht vergessen, wie schnell aus Angriff wieder Abwehr wird! Diese Bezugssysteme sind ständig im Fluss!!!

FOUL?! Soll das ein Witz sein?! Wenn ja, dann sage ich einfach nur Danke! Humor und Lachen sind so gesund und können hilfreich sein beim Übermitteln von Botschaften, die sich nur schwer artikulieren lassen!

Jetzt nimm mal den Kopf aus deinem Arsch – will sagen, du bist mit Sicherheit der gelenkigste Mensch, den ich je gesehen habe!!!

Nimm den Dreier!!! Das Spiel soll gefälligst in die Verlängerung gehen! Ich weiß, das lässt sich jetzt nur schwer verstehen, aber ich glaube, es gibt eine Zukunft für euch beide!!! Im Augenblick steckt ihr mittendrin, seid blind vor Wut, das ist ganz normal und vollkommen verständlich! Ich wäre ehrlich gesagt verwundert, wenn ihr euch *nicht* aufregen würdet! Die Wunden sind noch nicht verheilt!

Sicher, es gab offensichtliche Regelverstöße!! Und verpasste Chancen!!! Aber es gab auch gute Momente! Die Nationalhymne! Den Sprungball! Die Pausenunterhaltung! Das alles war gut und richtig und *wahr!!* Das Verleugnen dieser guten Momente ist ebenso unverantwortlich wie das ausschließliche Aufrechnen der schlechten Momente!!!

Möget ihr tatsächlich beide gewinnen, ganz unabhängig vom »Ergebnis«!! Was ist schon ein »Ergebnis«?! Eine willkürliche Zahlenfolge, die anzeigt, wie oft ein Ball durch einen Ring geflogen ist?! Wie albern im Vergleich zu den vielen Gelegenheiten, bei denen ihr gemeinsam alle Widerstände überwunden habt! Wieso zählen wir nicht diese?! Wie das eine Mal, als ein zweiter Ball aufs Spielfeld flog, und alle unabhängig von der Mannschaftszugehörigkeit sich bemühten, ihn so rasch wie möglich aufzuheben?! Da gab es keine »Teams« und keine Egos!! Bloß einen Ball, der aufgehoben werden musste!

Wenn wir schon ein zählbares Ergebnis brauchen, wieso zählen wir dann nicht die lächelnden Gesichter? Oder die Schulterklopfer! Oder die einfachen Gesten, die dem anderen sagen: »Hey, ich verstehe dich«?!

Was soll das denn?! Ich werde aus der Arena geworfen?! Wieso das denn?! Was habe ich getan?!

Ich rede zu viel?? Ich bin zu laut und verderbe allen um mich herum den Spaß?!

Das ist absolut verständlich! Wir versuchen gemeinsam ein Sportereignis anzuschauen, und ich lenke alle mit meiner fehlgeleiteten Begeisterung, meinen endlosen Kommentaren und meinen pedantischen Analysen ab, die dem Geist des Spiels zuwiderlaufen!!!

Ich verstehe euren Standpunkt vollkommen und werde freiwillig gehen! Tatsächlich danke ich euch für die unverblümte Ablehnung! Ich denke, ich habe es auch nicht verdient, meinen Standpunkt zu verteidigen, schließlich haben meine Handlungen bereits meinen fehlenden Respekt vor den übrigen Fans, den Mannschaften und, offen gesagt, dem Sport ganz allgemein bezeugt!!!

Okay, okay, ich geh ja schon!!!

Ich hoffe, ihr könnt alle den Rest des Spiels genießen!!! Möge die Heimmannschaft siegen! Oder die Gastmannschaft! Oder mögen wenn möglich beide siegen, indem sie die falsche Vorstellung vom Siegen überwinden!!!

VII.
SELBSTHILFE

DURCH LÄCHELN KANN MAN DEM HIRN VORGAUKELN, DASS ES GLÜCKLICH IST

Als ich noch ein kleiner Junge war, hat meine Mutter mir geraten, wenn ich traurig wäre, sollte ich mich zum Lächeln zwingen, weil das mein Gehirn überlisten und ihm vorgaukeln würde, dass es glücklich ist.

Und sie hatte Recht.

Immer wenn ich jetzt traurig bin, lächle ich nur, und schon bin ich auf einmal wie durch Zauberhand glücklich.

Und ich habe entdeckt, dass sich das nicht bloß aufs Glücklichsein beschränkt. Ich kann mich selbst von allen möglichen Dingen überzeugen, wenn ich nur ein Gesicht mache, das mit dem erwünschten Gefühl korrespondiert. Wenn ich beispielsweise müde bin, mache ich ein energiegeladenes Gesicht und spüre sofort einen Schub Lebenskraft. Und wenn ich hungrig bin, mache ich ein aufgeblähtes Gesicht, als hätte ich gerade zu viel Geburtstagskuchen gegessen, und schon glaubt mein Hirn, ich sei pappsatt!

Letzten Monat war ich richtig am Boden. Meine Verlobte hat mich wegen meines Chefs verlassen, der hat sie dann geschwängert und mich gefeuert. Versteht sich von selbst, dass ich ziemlich deprimiert war! Was habe ich also getan? Genau: Ich habe gelächelt, und es hat zwar ein paar Minuten gedauert, aber irgendwann ging es mir besser.

Obwohl es mir dann besser ging, gab es allerdings ein paar Probleme. Zum Beispiel konnte ich, da ich meinen Arbeitsplatz verloren hatte, die Miete nicht mehr bezahlen. Doch anstatt mich selbst zu bemitleiden oder hektisch nach einem billigen Zimmer zur Untermiete zu suchen, setzte ich einfach die Miene eines Mannes auf, der seine Miete bezahlt hat, und es funktionierte zwar wieder nicht auf Anhieb, aber irgendwann hatte ich tatsächlich das Gefühl, die Miete bezahlt zu haben. Und wissen Sie was? Da ging es mir gleich noch mal besser! Meine Mutter hatte wirklich Recht gehabt! Großartig!

Und obwohl ich bald aus meiner Wohnung geworfen wurde, weil ich die Miete nicht wirklich bezahlt hatte, und unter der Verrazano-Brücke schlief, wo ich mich an einen Penner und seine zahme Ratte kuschelte, um mich aufzuwärmen, zog ich einfach ein Gesicht, als lebte ich in einem großen Anwesen mit zwei Swimmingpools und eigenem Hubschrauberlandeplatz. Und was glauben Sie, was dann passiert ist? Ich fühlte mich, als ob ich in Beverly Hills 90210 lebte! (Ich machte sogar ein Gesicht, als hätte ich meiner Mutter gerade ein neues Auto gekauft! Und meiner Miene nach zu urteilen, fand sie es toll!)

Als ich dann wegen schweren Vitaminmangels Skorbut bekam und im unbewussten Versuch, meine Unterernährung zu kompensieren, an dem Penner und seiner Ratte zu nagen anfing, da machte ich einfach ein Gesicht wie jemand, der in einem guten Restaurant ein feines Steak mit reichlich Kartoffelbrei isst. Jawohl, manchmal muss man einfach nur dran glauben, dann kann man sich alles weismachen! Die beiden waren einfach köstlich!

Und der Ratschlag meiner Mutter half mir auch aus der Patsche, als ich anfing, meinem ehemaligen Chef und meiner schwangeren Exverlobten nachzustellen. Ich setzte einfach eine völlig unbeteiligte Miene auf, so als wäre ich ganz und gar kein Stalker, als ich vor ihrem Haus wartete. Und als sie dann das Haus verließen, um essen zu gehen, folgte ich ihnen in einem Auto, das ich geklaut und kurzgeschlossen hatte, wobei ich ein Gesicht wie jemand machte, der niemals ein fremdes Auto kurzschließen würde.

Anschließend wartete ich vor dem Restaurant, und als sie den Nachtisch bestellten, stopfte ich die zahme Ratte meines Pennerfreundes in ein Schraubglas und warf es durch das Restaurantfenster. Die Scheibe zersplitterte, und die Ratte raste blutig und außer sich quer durch den Speisesaal.

In dem Augenblick machte ich ein Gesicht wie jemand, der all das nicht getan hatte, und sofort entspannte ich mich. Tja, manchmal sind die einfachsten Lösungen die besten!

Als die Gäste dann alle aus dem Restaurant flüchteten, machte ich ein Gesicht wie jemand, der nicht gerade seinen ehemaligen Chef und seine schwangere Exverlobte angreift und mit einer Waffe von allen Seiten auf sie einsticht, die er mit den Zähnen aus einem Metalllöffel gefertigt hat, den er zuvor dem Penner aus der Jackentasche geklaut hatte.

Was ich aber nicht wusste: Der Penner war mir zum Restaurant gefolgt, weil ich seine Ratte und seinen Lieblingslöffel gestohlen hatte. Was für ein irrer Zufall! Doch anstatt mich aufzuregen, setzte ich ganz entspannt die Miene eines Mannes auf, der sich freut, einen rachsüchtigen Penner zu sehen. Und schon freute ich mich *tatsächlich*, ihn zu sehen. Verrückt, oder? Durch Schein zum Sein!

Während ich dann also ein Gesicht wie jemand zog, der *nicht* gerade einen Penner mit dessen eigenem Lieblingslöffel umbrachte, blieb ich vollkommen gelassen!

Und als die Polizei mich verhaftete, schaute ich einfach wie ein Mensch, der definitiv nicht seinen ehemaligen Chef, seine schwangere Exverlobte und seinen neuen Mitbewohner, einen schizophrenen Penner, ermordet hatte, und auch wenn die Polizei mir nicht glaubte, brachte ich doch mein Gehirn dazu, mich für unschuldig zu halten, und das war ein super Gefühl! Wenn man sich etwas einredet, kann man es manchmal wohl tatsächlich glauben!

Während der gesamten Gerichtsverhandlung machte ich ein Gesicht wie jemand, der auf der Anklagebank nicht unablässig seine gerade erworbene zahme Ratte streicheln muss. Und als die Geschworenen ihren Schuldspruch verkündeten, wissen Sie, was ich da machte? Haargenau! Ich lächelte! Ich lächelte und dankte ihnen, dass sie mich freigesprochen hatten, und glaubte schon bald, tatsächlich freigesprochen worden zu sein. Toll! Wie Zauberei!

Als man mich dann zum elektrischen Stuhl führte, schaute ich wie ein Mann, der nach Disneyland geführt wird, und auf einmal *glaubte* mein Gehirn, dass ich auf dem Weg nach Disneyland war, und darüber freute ich mich sehr, weil ich Disneyland liebe. Als man schließlich den Hebel umlegte und mir die vierzigtausend Volt durch den Körper jagte, machte ich einfach ein Gesicht wie jemand, der mit der Achterbahn »Space Mountain« fährt. Ich kam aus dem Lächeln gar nicht mehr raus!

Ich weiß, das klingt jetzt total abgedroschen und kitschig, aber manchmal muss man nichts weiter tun als ein kleines bisschen glauben.

WENN SIE MICH JETZT TRÄFE ...

Wenn sie mich jetzt träfe, würde sie sich auf jeden Fall in mich verlieben.

Also, es wäre schon ein wenig schwierig, es nicht zu tun.

Ich bin momentan in Bestform, und wenn sie mich so sähe, wenn sie mich jetzt in diesem Augenblick sehen könnte, würde sie sich in mich verlieben, wahrscheinlich für immer.

Heute früh habe ich gewaschen, darum riecht meine Kleidung gut. Aber was noch besser ist, wenn ich meine Jeans wasche, wenn ich *diese* Jeans wasche, sieht sie besonders gut an mir aus. Aber nur genau an dem Tag, an dem ich sie gewaschen habe. Anscheinend ziehen sich die Fasern ein bisschen zusammen, werden fester, und das ergibt eine bessere Passform am Bein. Aber weil es ganz normale blaue Jeans sind, wirke ich trotzdem lässig. Gepflegte, gut sitzende Jeans: fein und bodenständig zugleich. Das wird ihr gefallen.

Wenn sie mich jetzt träfe, würde sie meine Jeans sehen und denken: »Das ist ein seriöser Mann.«

Wenn sie mich jetzt träfe, würde sie meine Arme sehen, die Adern an meinen Armen. Ich habe heute Morgen hundert Liegestütze gemacht. Drei Durchgänge mit jeweils dreiunddreißig. Das sind neunundneunzig, also mache ich am Ende noch einen mehr, den zwar nur halb, aber er zählt trotzdem. Darum treten die Adern an meinen Armen ein bisschen mehr hervor als sonst. Ganz ehrlich: Sie sehen fantastisch aus. Quasi kurz vor'm Heroinjunkie. Ganz ehrlich: Wenn sie nur meine Venen sähe, würde sie echt denken, ich sei ein verdammter Linebacker beim Football.

Wahrscheinlich würden ihr meine Venen auffallen, und sie würde glauben, dass sie immer so rausragen, weil ich von Natur aus stark bin. Die Liegestütze würde ich gar nicht erwähnen. Ich würde meinen Körper für sich sprechen lassen.

Und ich habe nur Sachen getrunken, die mich gut riechen lassen. Heute Vormittag gab es im Laden einen teuren Eistee. Da war Pfefferminze drin, darum rieche ich nach Pfefferminz. Ich glaube, das war erst die dritte Zutat, aber das ist gerade das Perfekte. Sollten wir uns heute Abend küssen – und ich will gar nicht behaupten, dass so etwas auf jeden Fall passieren wird –, aber falls wir uns küssen sollten – ich will es auch nicht ausschließen –, dann würde ich ein kleines bisschen nach Pfefferminze schmecken. Und sie würde garantiert denken, dass ich von Natur aus so schmecke.

Sie müsste jetzt jeden Augenblick hier vorbeigehen. Jede Sekunde.

Na ja. Ich gebe ihr noch ein paar Minuten.

Wenn sie mich jetzt träfe, blieben wir für immer zusammen. Wenn sie mich jetzt in diesem Moment sehen könnte, würde alles passen. Sie würde sehen, dass ich nicht mehr der stumme Loser aus der Highschool bin. Das kleine Würstchen, dessen Mutter zu jedem Spiel zu früh kam und mit ihrem Camcorder in der ersten Reihe saß. Sie würde sehen, dass ich zu einem Individuum herangewachsen bin, zu einem echten Menschen. Und zwar zu einem ziemlich umwerfenden Menschen.

Ich meine, seht euch nur mal an, wie mein Tag gelaufen ist. Wer könnte da widerstehen? Wenn sie mich genau in diesem Moment träfe, würde sie mich wahrscheinlich fragen, was ich heute so getrieben habe, und ich würde wahrheitsgemäß antworten, weil das so unfassbar interessant ist, dass sie total beeindruckt und überwältigt wäre, und wir würden zusammen durchbrennen und wahrscheinlich ganz schön schnell heiraten. Wenn sie doch bloß vorbeikäme! Herrgott!

Sie würde mich wahrscheinlich fragen, wo ich gerade herkäme, was ich hier uptown zu suchen hätte. Und ich würde es ihr erzählen: »Ich war bei meiner Tante. Die ist vierundneunzig und braucht ein bisschen Gesellschaft. Also habe ich ein bisschen mit ihr abgehangen, und dann wollte ich mich noch ein paar Minuten in den Central Park setzen. Meine Tante ist die Coolste.« Dann würde ich sagen: »Sie ist so was wie meine beste Freundin«, und so tun, als sei es mir ein bisschen peinlich, eine vierundneunzigjährige beste Freundin zu haben. Sie fände es süß, dass ich ein bisschen verlegen werde, und ich würde nur die Achseln zucken.

Und dann würde sie wahrscheinlich fragen, was ich heute Abend mache. Und wieder hätte ich kein Problem damit, ihr die absolute Wahrheit zu sagen. Ich habe Tickets für ein Spiel der Knicks. Ist das zu prollig für dich? Tja, ich gehe sowieso mit einem Freund hin, einem Kulturanthropologen. Mit solchen Leuten bin ich befreundet. Also, wer ist hier prollig? Basketball, Kulturanthropologie. Massenunterhaltung, Hochkultur. Ich lasse mich in keine Schublade stecken. Ich bin überall unterwegs!

Wo bleibt sie? Eigentlich müsste sie jetzt doch schon vorbeigekommen sein. Ich meine, sie müsste in der Stadt sein. Jerry hat erwähnt, dass sie dieses Wochenende in der Stadt sein würde. Ich warte noch ein bisschen. Sie wird schon noch kommen.

Und wenn ich sie sehe, tue ich ganz überrascht und sage Hallo und mache eine klitzekleine Pause, bevor ich ihren Namen ausspreche, so als würde ich im Kopf lauter Karteikarten mit anderen Namen durchblättern. »Ich hab grad ziemlich viel am Laufen, verstehst du?«

Wahrscheinlich wird sie mich fragen, wo ich wohne. Und wieder werde ich ihr einfach die Wahrheit sagen, die ist nämlich zufällig wieder der reine Wahnsinn.

Ich wohne in Queens.

Bin gerade hingezogen. Wenn das nicht alles klarmacht, weiß ich auch nicht. Wenn das nicht dazu führt, dass sie mich komplett neu bewertet, dann weiß ich auch nicht. Ich meine, Queens! Das interessanteste Borough. *Wie es dort ist?* Dort brennt die Luft! Queens!

Würde ich hier in der Gegend wohnen, in *Manhattan*, würde sie mich für versnobt und elitär halten. Manhattan! Als wäre ich schon im Ruhestand oder so. Als hätte man mir einen goldenen Fallschirm geschenkt, mit dem ich im Zentrum des Universums gelandet wäre. So offensichtlich. *Manhattan.*

Und die Bronx? Die Bronx! Das wäre so, als ob ich unbedingt ein rabiates Statement abgeben wollte. Wieso sollte ich in der Bronx wohnen? Wen wollte ich damit beeindrucken? Welche Schlachten im Leben habe ich verloren, dass ich in der Bronx gelandet bin?

Und Staten Island? Ihr erzählen, ich sei nach Staten Island gezogen? Da könnte ich ebenso gut sagen, ich sei auf den Jupiter oder nach Kansas gezogen oder ich würde mir heute Abend eine Kugel in den Kopf jagen, weil das Leben für mich keinen Sinn mehr macht, und weil es kein Schwein interessieren würde, wenn ich plötzlich von der Erdoberfläche verschwände, indem ich nach Staten Island zöge!

Und Brooklyn. Nach Brooklyn ziehen? Das ist das schlimmste von allen fünf Boroughs. Das ist so ein grauenhafter Borough, dass es mir schon peinlich ist, in Queens zu wohnen, bloß weil das auch ein Borough ist; schon diese dürftige Verbindung reicht, mich zu beschämen. Brooklyn! Überfüllt mit Hipstern mit dickrahmigen rezeptfreien Brillen und ironischen Banjos, mit Grafikdesignern, die für Saatchi & Saatchi arbeiten, aber sich postmoderne Künstler nennen. Gäbe es eine Wehrpflicht und Brooklyn wäre Kanada und ich könnte entweder nach Brooklyn und in Sicherheit leben oder nach Vietnam und mich erschießen lassen, ich würde lieber nach Vietnam und mich mit Freuden abknallen lassen statt in dieses Höllenloch, das mit Sicherheit von Gott verlassen würde, wenn Er vorher nicht erst einen Fuß nach Brooklyn setzen müsste!

Aber ich lebe in Queens. Queens. So unglaublich vielfältig. Queens: *Wer bin ich?* Ich komme mit jedem klar! Das sagt Queens. Ich bin für alles offen; *Hautfarben nehme ich überhaupt nicht wahr.* Wahrscheinlich würde sie sofort mit zu meiner Wohnung kommen wollen. Bloß um Queens zu *sehen.* »Hey, können wir in so einen kleinen Mitternachts-Diner gehen?«, würde sie wahrscheinlich fragen. Klar, wir können nach Astoria. Da gibt es Mitternachts-Diner an jeder Straßenecke. »Können wir tanzen gehen?« Auf jeden Fall. Fahren wir nach Corona, da gibt es alle paar Meter ein Latin Quarter. Da gibt es so viele Latin Quarters, dass wir sie Latin Dollars nennen, haha! Kleiner Scherz, den wir in Queens gern machen. Bisschen albern. Typischer Queens-Witz. Du willst dir ein Spiel der Mets angucken? Klar! Wieso nimmst du dir nicht ein paar Tage frei, ehe du zurück an die Uni musst, und dann bleiben wir lange im Bett und gehen zusammen zu den Mets. Wir können schön spät frühstücken gehen in so einem schäbigen kleinen Schuppen, wo der Grieche mich mit Namen kennt, dann könnten wir uns Fahrräder mieten und rausfahren zum Citi Field und auf der Tribüne Händchen halten, und sie würde so was sagen wie: »Das sind echt super

Plätze, weil man nicht nur das Spielfeld, sondern den gesamten Park überblicken kann.«

Meine Güte, wie spät ist *das* denn?

Ich sollte vielleicht einfach nach Hause gehen. Wo bleibt sie bloß? Unmöglich, dass sie *nicht* durch den Central Park spaziert. Wer bitteschön spaziert nicht durch den Central Park, wenn er seine Eltern in den Frühlingsferien besucht? Wem käme das nicht in den Sinn?

Das ist der beste Park der Stadt. Vielleicht sogar des Bundesstaates. Keine Ahnung. Aber auf jeden Fall ein super Park. Ich glaube nicht, dass irgendwer von diesem Park enttäuscht sein könnte. Garantiert niemand ist jemals aus dem Central Park hinausspaziert und hat gesagt: »Ist nichts für mich.«

Ich bin mir also ziemlich sicher, dass sie irgendwann hier vorbeischlendern wird. In der Highschoolzeit wohnten ihre Eltern in der 79th Street. Ich bin sicher, da wohnen sie immer noch. Sie würde also am wahrscheinlichsten den Nordeingang benutzen. Es sei denn, sie sind umgezogen. Kann ich mir aber kaum vorstellen. Es sei denn wegen der Wirtschaftskrise und so. Aber die Wohnung hatten sie bestimmt schon abbezahlt; hier oben wohnt niemand zur Miete. Die waren ziemlich reich. Die war immer so hübsch angezogen. Es war zwar alles ein wenig ramponiert, aber trotzdem irgendwie hübsch. Ihre kleine wollene Kapitänsjacke. Ihre ramponierte kleine wollene Kapitänsjacke. Sie hat es tatsächlich irgendwie geschafft, Schurwolle sexy wirken zu lassen. Sie hat die animalische Seite der Wolle zur Geltung gebracht, was durchaus Sinn macht, schließlich ist Wolle ein tierisches Produkt. Aber heute macht das keiner mehr mit Wolle. Latex soll heutzutage sexy sein. Oder Lycra. Oder irgendwas anderes total Unnatürliches. Finde ich nicht! Ich mag echte Sachen. Ehrliche Sachen. Sie. Ich bin sicher, sie taucht jeden Moment auf.

Ich werde einfach abwarten. Ich werde bereit sein. Mehr kann ich nicht tun. »Wenn sich eine Chance auftut, musst du bereit sein.« Wer hat das gesagt? Ich glaube, mein Vater. Nein, das muss jemand Berühmteres gewesen sein. Ich glaube, das ist ein berühmtes Zitat. Ich habe es wohl mit eigenen Worten wiedergegeben.

Ich kann mir kaum vorstellen, dass sie immer noch mit diesem Deppen zusammen ist, diesem Depp von abstraktem Maler. Das konnte unmöglich gutgehen. Das musste ins Aus führen. Wussten sie beide. Als ich sie das letzte Mal sah, bei dieser blöden Party, da meinte sie: »Er ist süß. Du kennst ihn gar nicht, in Wirklichkeit ist er richtig süß.« Was zum Teufel soll »süß« bedeuten? Ich bin auch »süß«. Jeder kann »süß« sein. Nichts leichter als das. *Süß.* Was für ein idiotischer Warmduscher und Loser. *Süß.* Ich *leide* dem Leben zuliebe! Ich leide jeden Tag! Und wofür? Um etwas zu bedeuten! Um einen Beitrag zu leisten, was ich nämlich definitiv vorhabe. Aber nein! Er ist *süß.* Verkauf doch Autoversicherungen! *Süß.* Er gehört erschossen, und das weiß er auch.

Was zum Teufel treibe ich hier eigentlich, dass ich lauter Leute an mir vorbeigehen lasse, die nicht *sie* sind? Was soll das? Wer sind diese Idioten, die nicht *sie* sind, die einfach nur vorbeigehen? Für die bin ich doch viel zu schade! Denen ist es doch egal, dass ich mit einem Kulturanthropologen zum Knicks-Spiel gehe! Es ist ihnen egal, dass ich gerade von meiner vierundneunzigjährigen Tante komme! Sie sind nicht *sie!* Es ist ihnen egal, dass meine dunkelblaue Jeans jetzt gerade perfekt sitzt und dass meine Adern sportlich perfekt hervortreten. Nein! Sie machen einfach weiter mit ihrem blöden Tag, als wäre ihr Leben wichtig, während ich hier sitze und *verlösche!*

Sie gehen vorbei, ohne zu bemerken, was ich alles vollbracht habe, was ich jetzt gerade bin und was alles von diesem Augenblick an immer weniger gut sein wird, während mein Leben verlöscht und ich beginne, ohne sie zu sterben, ohne ihr je zeigen zu können, dass ich einst großartig war! Dass ich jetzt, just in diesem Augenblick, bevor die Fasern meiner Jeans sich lockern und die Adern sich in meine ausgemergelten Arme zurückziehen, großartig bin! Dass ich jetzt und nur jetzt großartig bin! Und wofür?!

Was hat das für einen Zweck, meine Tante zu besuchen? In Queens zu wohnen? Ich hasse Queens! Liegt total weitab von allem! Ich muss drei verschiedene U-Bahn-Linien nehmen, um überhaupt erst mal zur richtigen U-Bahn zu kommen! Und ich hasse Liegestütze! Ich hasse Basketball! Und ich hasse meinen bescheuerten Kulturanthropologenfreund – der redet immer bloß über Samoa! Ich befinde mich gerade in gottverdammter Spitzenform, und niemand schaut auch nur ansatzweise her! *Seht mich an! Seht mich an!* Ihr Nichtse! Ihr Vollpfosten! Ihr Kretins! Ihr blinden, bescheuerten Touristenvollpfosten! Wo zum Teufel ist sie!?! Das ist doch alles total lächerlich!!! Wo ist sie, verdammte Scheiße? Jetzt werde ich stinksauer!!! Ich habe meine Jeans an!!! *Meine Jeans!!!*

Okay, okay, entspann dich. Beruhige dich. Positiv bleiben. Du hast doch keinen Schimmer, wie ihr Leben gerade aussieht. Keine Ahnung, was sie tut. Wahrscheinlich sitzt sie irgendwo und wartet auf mich. Wenn überhaupt, dann wartet *sie* wahrscheinlich auf *mich*. Das ist doch die Ironie an dem Ganzen, oder? Die Ironie des Lebens, oder? Die grausame Ironie meines Lebens.

Nein, ich bin sicher, sie wird jeden Augenblick hier sein.

Ja.

Ich bin ziemlich sicher, dass Jerry dieses Wochenende gesagt hat. Obwohl nächstes Wochenende Ostern ist, glaube ich, vielleicht hat er auch *das* Wochenende gemeint. Vielleicht erst nächstes Wochenende; ich habe Ostern eigentlich nie richtig gefeiert. Nein. Nein. Ich glaube schon, dass es dieses Wochenende war. Vielleicht sollte ich ihn anrufen.

Oder ich warte noch ein paar Minuten. Das ist wahrscheinlich das Beste. Bloß noch ein, zwei Minuten. Und dann mache ich mich auf den Heimweg.

Ja, bloß noch eine Minute.

EIN SCHULHOFSCHLÄGER HAT SICH SCHLAUGEMACHT

Sieh mal einer an, wenn das nicht der kleine Tommy ist. Gib mir dein Essensgeld, du Opfer! Her damit! Was? Hast du Schiss? Machst du dir Sorgen um die finanzielle Lage deiner Familie, da deine Eltern jetzt geschieden sind? Bu-hu-hu, ich heul gleich! Wahrscheinlich glaubst du, es ist deine Schuld, oder? Und obwohl deine Mutter dir gesagt hat, dass es nichts mit dir zu tun hat, dass du nicht schuld daran bist, dass Daddy sich in seine Zahnpflegerin verliebt hat und mit ihr in diesen Ashram in Oregon abgehauen ist, du findest es trotzdem beunruhigend. Du liegst wach und sagst dir: »Wenn ich sie beide nur mehr geliebt hätte, wenn ich nur bessere Noten nach Hause gebracht und lieber zu Grandma gewesen wäre, als sie nach ihrem Schlaganfall letzten November im Krankenhaus lag, dann wären sie noch zusammen.« Und jetzt musst du mir das Geld geben, das deine Mutter dir jeden Morgen mitgibt, weil sie es nicht auf die Reihe kriegt, dir ein Lunchpaket zu machen, denn wegen ihrer Schlaflosigkeit und ihrer Abhängigkeit von Zolpidem ist sie dafür viel zu groggy. Heul doch!

Sieh mal einer an, wenn das nicht unser Physiklehrer Mr. Sellowitz ist, der mich in flagranti erwischt, wie ich dem kleinen Tommy das Essensgeld klaue. Also, *Smellowitz*, stecken Sie Ihre Nase mal hier rein: Ich bin nicht Claude Monet! Ja, Sie haben richtig gehört. Ich weiß, Sie fühlen sich durch mich bedroht, aber es wird Ihnen nicht helfen, wenn Sie mich unbewusst mit Monet assoziieren. Ja, ich weiß, Sie wollten eigentlich zur Kunsthochschule gehen, schon seit Sie in meinem Alter waren, aber jetzt stecken Sie hier fest und müssen Sechstklässler in Physik unterrichten. Bu-hu-hu, ich heul gleich! Sie haben wahrscheinlich geglaubt, Sie wären die Zukunft der impressionistischen Malerei, als Sie sich bei Ihrem Highschool-Kunstprojekt an einer postmodernen Variation von Monets *Seerosen* versucht haben, mit echten Seerosen, die in einem 3-D-Diorama in einem Wassertank aufgehängt waren. Wissen Sie was? Das war nicht gut genug für die Kunsthochschule und sicher auch nicht gut genug für Ihren Stiefvater Aaron Segura, den heißgeliebten Kunstkritiker, der Ihre Arbeiten von Anfang an nicht leiden konnte. Pech gehabt, Sie Lehrer!

Sieh mal einer an, wenn das nicht Direktor O'Malley ist, der mir einen Schulverweis erteilen will, weil ich dem kleinen Tommy sein Essensgeld geklaut und Mr. Sellowitz Widerworte gegeben habe. Fühlt sich bestimmt gut an, mich zu bestrafen, oder? Ihre begrenzte Macht gegenüber einem pubertären Rüpel auszuspielen? Da fühlen Sie sich groß und stark, nicht wahr? Vor allem, weil ich so schönes volles Haar habe und bei Ihnen schon mit sechzehn starker Haarausfall einsetzte. Bu-hu-hu, ich heul gleich! Sie haben alles versucht, stimmt's? Zuerst Naturheilmittel, weil es Ihnen zu peinlich war, Ihrem Arzt davon zu erzählen, und Sie sich ohne Rezept kein Medikament leisten konnten, das wirklich geholfen hätte. Also haben Sie ein Jahr lang jeden Tag Sardinen gegessen, in der schwachen Hoffnung, dass das helfen könnte. Und als Sie sich dann Propecia leisten konnten, war es zu spät, weil Sie bereits Geheimratsecken hatten, und wenn man mit Propecia aus abgestorbenen Follikeln neue Haare wachsen lassen will, sind die Erfolgsaussichten gering, insbesondere im Schläfenbereich, wo es Sie am härtesten getroffen hat. So ein Ärger!

Sieh mal einer an, wenn das nicht mein Vater ist, der mich von der Schule abholen will, nachdem ich einen Verweis gekriegt habe, weil ich dem kleinen Tommy sein Essensgeld geklaut, Mr. Sellowitz Widerworte gegeben und Direktor O'Malley gezeigt habe, dass sein Machtbedürfnis einem ungelösten Trauma im Zusammenhang mit früher Glatzenbildung entspringt. Danke fürs Abholen, Paps! Ist es komisch, mich mitten am Tag abzuholen, oder unterstreicht das nur die Tatsache, dass Mom diejenige mit dem richtigen Job ist? Bestätigt es auf unbewusste oder gar bewusste Weise, dass dir jeglicher Stolz und jedes Gefühl von Männlichkeit abhanden gekommen sind? Fandst du es anfangs interessant, dass Mom ihre Stelle in der Anwaltskanzlei behielt, während du zu Hause bliebst und dich um die Kinder kümmertest? Hast du vor deinen Freunden geprahlt, wie stolz du darauf wärst, die Geschlechternormen zu unterlaufen? Bu-hu-hu, ich heul gleich! Ich wette, du hast das brennende Verlangen, in die Welt hinauszugehen und noch den niedrigsten Hilfsarbeiterjob anzunehmen, nur um dich wieder wie ein richtiger Mensch zu fühlen, seit du gemerkt hast, dass der Roman, den du eigentlich in deiner neu gewonnenen Freizeit schreiben wolltest, keine Gestalt annehmen wird, und dass du stattdessen bloß in schmutzigen Jogginghosen durchs Haus wanderst, auf die Uhr starrst und auf die Frau wartest, die du mal gekannt hast und die jetzt die Brötchen verdient. Reingefallen!

Sieh mal einer an, wenn das nicht der Schulschläger ist, unter Hausarrest in seinem Zimmer, wo er in den Spiegel schaut und sein Verhalten hinterfragt, nachdem er dem kleinen Tommy sein Essensgeld geklaut, Mr. Sellowitz Widerworte gegeben, Direktor O'Malleys innere Dämonen enthüllt und seinen Vater entmannt hat. So weit ist es also gekommen? Ein Klischeemoment der Selbstreflexion für den hartgesottenen Aggressor? Bu-hu-hu, ich heul gleich! Wahrscheinlich denkst du, wenn du die Leute ständig mit deiner detaillierten und übertrieben analytischen persönlichen Kritik behelligst, fühlst du dich ein wenig besser? Wahrscheinlich glaubst du, dass du jeden auf sicherer emotionaler Distanz halten kannst, indem du ihn runtermachst? Wahrscheinlich hoffst du, wenn niemand zu nahe an dich rankommt und du dich durch und durch abgebrüht gibst, kann niemand dich verletzen? Dass du in einer sicheren kleinen Blase bleibst, wenn niemand dich leiden kann?! Leck mich!

VIII.
SPRACHE

NICK GARRETTS REZENSION VON RACHEL LOWENSTEINS NEUEM ROMAN GETTING AWAY

Cara Dawson, die unglückselige Heldin des momentan allgegenwärtigen Romans *Getting Away*, verkündet: »Die Welt und alle Menschen lieben mich!«

Man muss annehmen, dass Miss Dawsons Schöpferin Rachel Lowenstein dieses Gefühl teilt. Die vielversprechende Sechsundzwanzigjährige, aktuell Liebling der Kulturszene, hat die Buchwelt im Sturm erobert; doch auch wenn die Aufregung um den Roman sogar noch zuzunehmen scheint, so muss man argwöhnen, dass Miss Lowensteins literarische Aussichten bestenfalls trübe zu nennen sind.

Lowenstein wurde gelobt für das tragikomische Traktat über die Entwicklung einer Frau von der hoffnungslosen Romantikerin zu einer selbstbestimmten und unerschütterlichen Singlefrau, und Buchclubs im ganzen Land haben Lowensteins »authentische« Kritik am männlichen Blick als neue *Cause célèbre* entdeckt.

Doch woher kommt dieses ätzende Gift? Lowenstein hat in Interviews geäußert, dass ihre furchtbaren Erfahrungen mit einem ganz besonders »narzisstischen« Mann sie zum Verfassen dieses Bestsellers getrieben haben, was ihrer Ansicht nach »beweist, dass Frauen keine Liebe brauchen, um glücklich zu sein«. Man fragt sich allerdings, was Lowenstein diesem geheimnisvollen Vorbild angetan hat, dass er zu einem solchen »Narziss« wurde. Es gehören nämlich immer zwei dazu, Miss Lowenstein, immer zwei.

So wie Ayn Rand lange vor ihr nutzt Lowenstein den Plot des Buches lediglich als Vehikel zur Verkündigung ihrer Dogmen: in diesem Fall ihrer Angriffe auf einen scheinbar harmlosen Mann.

Lowensteins Geschichte setzt vierzehn Jahre vor der Katastrophe ein, als die Leser mit Cara bekannt gemacht werden: eine magere Siebtklässlerin in einem Vorort von Philadelphia. Sie ist zwar Einzelgängerin, stürzt sich allerdings blauäugig wie Don Quijote in eine unerwiderte Liebe nach der anderen, immer auf der Suche nach ihrem, wie Cara es nennt, »alleinigen Seelenverwandten«.

Cara ist eine Spätzünderin, die während ihrer gesamten Highschoolzeit keinen einzigen Jungen küsst, was »unglücklicherweise auf wahren Ereignissen beruht«, wie Miss Lowenstein in Interviews scherzhaft bemerkte. An der Universität lernt sie im Fahrstuhl einen jungen Mann namens Mick Barrett kennen und verrät ihrer Zimmergenossin später: »Heute Abend habe ich meinen alleinigen Seelenverwandten getroffen.«

Caras voreilige Liebeserklärung wirkt zunächst herzerwärmend, doch ihre Erwartungen an Barrett sind eindeutig zu hoch. Kommt es Cara in den Sinn, dass die Last des »alleinigen Seelenverwandten« womöglich zu schwer für die Schultern eines neunzehnjährigen Drittsemesters sein könnte? Wenn man dann noch bedenkt, welchen Druck Barretts frisch geschiedene Eltern auf ihn ausüben (ein Detail, das Miss Lowenstein wie zu erwarten unter den Teppich kehrt), könnte man durchaus verstehen, dass Barrett noch nicht bereit ist, sich auf Ehe und Familie einzulassen, doch darauf scheint Cara praktischerweise nie zu kommen.

Geht es nur diesem bescheidenen Kritiker so, dass er Mick Barrett für die einzige sympathische Figur des gesamten Romans hält?

Cara und Barrett beginnen eine Beziehung, die zwar zunächst stabil wirkt, doch eine sorgfältigere Rückschau enthüllt schon zu diesem Zeitpunkt Risse in der ansonsten glatt polierten Oberfläche. Zum Beispiel beendet das junge Paar gemeinsam das Studium, Cara mit einem Bachelor in Kreativem Schreiben und Barrett mit dem »vernünftigeren« Abschluss in Wirtschaftswissenschaften, zu dem Cara ihn gedrängt hat, obwohl er eigentlich eher zur Malerei tendierte. »In unserer Familie sollte es besser nur *einen* Künstler geben«, sagt Cara in einer Szene, die wahrscheinlich aus dem Buch gestrichen wurde. »Ich brauche einen Mann, der mein Schreiben unterstützen und unsere Kinder betreuen kann«, fährt sie wahrscheinlich fort und zerstört damit rundheraus alle Träume vom Künstlerdasein, die Barrett womöglich gehegt hat.

Das Paar zieht nach Westchester (einfühlsame Leser werden bemerken, dass Barrett gern noch ein paar Jahre im Herzen der Stadt verbracht hätte), damit Cara die kostbare »Ruhe« findet, um ihre kostbaren Romane zu schreiben. Den Lesern wird nahegelegt, dies als erhabene, weil schöpferisch »reine« Aufgabe zu begreifen, als sei Kreativität moralisch in irgendeinem Sinne der Krebsforschung gleichzusetzen. Barrett ist gezwungen, für eine Internetwerbeagentur zu arbeiten, und das im südlichen Westchester, einer Gegend, die Lowenstein fälschlich als »bunt gemischt« beschreibt – hätte Cara Barrett jemals in seinem Büro besucht, wäre ihr klar geworden, dass es höchst beängstigend ist, nur zwei Straßen von der South Bronx entfernt zu arbeiten. Nur eine verhätschelte Autorin wie Lowenstein würde die Erfahrung, täglich von unzähligen Kulturen von den Krisenherden dieser Erde bedrängt und überrannt zu werden, mit einem Euphemismus wie »bunt gemischt« beschreiben.

Lowenstein dämonisiert Barrett weiterhin auf unglaublich manipulative Weise. Leser, die noch nie solch machiavellistische Frauen wie Lowenstein oder Cara erlebt haben, könnten den Eindruck gewinnen, sie schreibe das Drehbuch für eine Filmbiografie Mussolinis.

Betrachten wir das Kapitel, in dem Cara tagsüber an ihrem »großen amerikanischen Roman« arbeiten und abends zum Geburtstagsessen ihrer Mutter gehen will. Morgens bittet sie Barrett, auf dem Heimweg von der Arbeit ihre rote Bluse von der Reinigung abzuholen, damit sie die beim Dinner anziehen kann. Barrett willigt ein, denn was soll er schon anderes tun, wo sein Leben inzwischen einer traumlos öden Landschaft aus Pflichten gleicht?

Cara macht sich also an die Arbeit, schreibt in ihrem Arbeitszimmer, zu dem sie Barrett niemals Zutritt gewährt (*quelle surprise!*), und als Barrett von der Arbeit heimkehrt, kommt er mit leeren Händen. Lowenstein lässt Barrett irgendetwas wie »Reinigung war zu« murmeln, aber die Leserschaft soll die blusenlose Cara eindeutig auf eine Weise bemitleiden, die sonst nur Todkranken zugebilligt wird.

Was Lowenstein jedoch unter den Tisch fallen lässt: Die besagte Reinigung schließt Punkt 19:00 Uhr, und der letzte Schnellzug aus der Stadt fährt um 18:36 Uhr, sodass Barrett entweder bereits den langsameren Zug um 17:48 Uhr nehmen oder mit dem späteren fahren und dann nach einem anstrengenden Arbeitstag im Anzug zur Reinigung *sprinten* muss. Cara ist Schriftstellerin und hat keinerlei festgelegte Arbeitszeiten, und dennoch ist Barrett dafür verantwortlich, ihre Kleider abzuholen? Wieder einmal bekommen die Leser ein verzerrtes Bild der vernachlässigten Cara und des achtlosen Barrett präsentiert.

Der nächste Abschnitt beschreibt Barretts und Caras Versöhnung und die sexuelle Wiederbelebung ihrer Beziehung, und hierfür findet Lowenstein eine überraschend schöne Sprache. Wenn sie von ihrem Thema wirklich ergriffen ist, besitzt sie ein außergewöhnliches Talent poetischer Darstellung. Kunstvoll beschreibt sie das Gesicht des schlafenden Barrett: »Der Mond schien auf seine weichen Züge, und Cara wollte die Zeit verlangsamen, damit sie ihn für immer anschauen konnte.«

Und bei der Schilderung des leidenschaftlichen Liebesspiels bewegt sich Lowenstein endgültig auf sprachlich sicherem Terrain: »Barretts Stöße waren Erkundungen, die ihren unentdeckten Körper kolonisierten, ihr jungfräuliches Kupfer ausbeuteten und ein Beben durch ihr goldenes Rückgrat sandten.«

Diese hoffnungsvollen Ansätze wecken beim Leser das Gefühl, dass Lowenstein eine echte literarische Zukunft haben könnte – und dass sie zur Vernunft kommen und zu Barrett zurückkehren könnte. Beziehungsweise zu demjenigen, nach dem Barrett gezeichnet ist.

Doch so unvermittelt, wie Lowenstein uns mit jener Sinnlichkeit vertraut macht, so schnell verwirft sie diesen Weg auch wieder und *Getting Away* kehrt zur typischen rachsüchtigen (und abgegriffenen) Prosa zurück.

Sie beginnt nun, den unvermeidlichen Niedergang der Paarbeziehung auf eine zumindest nach Ansicht dieses Kritikers wahnhaft einseitige Weise zu schildern. Barrett möchte beispielsweise nicht, dass Caras Mutter sie übers Wochenende in ihrem gemeinsamen Haus besucht, worauf Cara ihn »verletzend« nennt. Als Barrett nachfragt, wie die Äußerung eines so schlichten Wunsches eine »Verletzung« darstellen könne, stürmt Cara wütend aus dem Haus. Lowenstein verschweigt der Bequemlichkeit halber, dass Caras Mutter die anstrengendste, lästigste, herrischste und hinterhältigste Frau der gesamten Ostküste ist (was einen allerdings nicht überraschen sollte, wenn man zweihundert Seiten der wütenden pseudofeministischen Tiraden verdaut hat, die ihre Nachfahrin unter dem Titel *Getting Away* veröffentlicht hat). Einmal muss Barrett sechzig Kilometer durch einen Schneesturm fahren, um Caras Mutter abzuholen, nur weil die sich weigert, in einen »komisch riechenden« Bus zu steigen.

Das Kapitel, in dem Cara schließlich die Scheidung fordert und das sich wie Lowensteins Paradestück liest, ist nichts als ein kriecherisches und jämmerliches Heischen um Mitleid, obwohl sie genau weiß, dass sie falsch gehandelt hat: Nicht nur dass sie Barrett verlassen hat, sondern *wie* sie ihn verlassen hat. Die Schlösser auszuwechseln, während er bei der Arbeit ist, war wie eine Bestrafung. Dadurch fühlte er sich einfach nur klein und dumm. Er war nicht einmal wütend. Er fühlte sich einfach nur allein.

Dabei hatten sie durchaus auch gute Zeiten als Paar. Die hatten sie wirklich. Cara kann sich wahrscheinlich nur deshalb kaum daran erinnern, wie viel sie füreinander empfanden, weil ihr Geist von so viel unerklärlicher Wut umwölkt ist, aber sie haben einander ehrlich geliebt. Und Barrett würde beinahe alles dafür geben, um nur einen einzigen schönen Tag mit Cara wiederzubekommen.

Barrett hofft wahrscheinlich, dass Cara diese Zeilen liest. Vielleicht in dem Café an der Peterson Street mit der Shisha-Theke, in das sie früher oft gegangen sind, oder in dem Park, wo sie immer unter der beschmierten Pferdestatue geknutscht haben. Und vielleicht könnten sie sich, wenn Cara möchte, dort noch einmal treffen. Nicht zu einem Rendezvous oder so, sondern einfach nur zum Reden. Um reinen Tisch zu machen. Damit er ihr sagen kann, wie unglaublich stolz er auf ihre Arbeit ist, wie sehr sie ihren Erfolg verdient und dass er immer gewusst hat, dass sie einmal Großes leisten würde.

Er möchte ihr nur in die Augen schauen und ihr sagen, dass er sie liebt. Er möchte nur ihre weiche Handfläche in seiner spüren, ein letztes Mal die Innenseiten ihrer Finger streicheln. Trotz allem liebt er sie noch immer. Und wird es auch immer tun.

EINEINHALB STERNE.

EINE MIT GEDANKENERKENNUNGSTECHNOLOGIE GESCHRIEBENE KURZGESCHICHTE

Es war Donnerstag, aber John kam es wie Montag vor. Und John liebte Montage. Bei der Arbeit blühte er auf. Das alte Klischee vom gefürchteten Montagmorgen lehnte er ab, und er beteiligte sich auch nicht an den Jammerlitaneien am Wasserspender über die »Plackerei« sowie an inhaltsleeren Gesprächen der vertrauten Form: »Wie war das Wochenende?« »Zu kurz!« Denn John liebte seine Arbeit und schämte sich nicht dafür.

Ich sollte mir noch einen Latte bestellen. Ich sitz hier schon die ganze Zeit vor einem leeren Becher. Aber dann werd ich bloß zittrig. Ich bestell einfach einen koffeinfreien. Nein, für einen koffeinfreien zu bezahlen, das wär dämlich. Das kann ich nicht mit meinem Gewissen vereinbaren.

An den Wochenenden wurde John immer ungeduldig; er vermisste die formale Struktur der Arbeitswoche. Als Teenager war er freitags länger in der Schule geblieben und montags früher hingegangen; seine Mutter nannte dieses Verhalten »Lernüberstunden«, mit Bewunderung und Geringschätzung gleichermaßen.

Ach du Scheiße, ich schreib schon wieder über einen Loser.

Also, John verbrachte seine Wochenenden mit Gartenarbeit in dem Haus im Tudorstil, das Rebecca ihm nach der Scheidung gelassen hatte. Rebecca mit ihren Mandelaugen (sowohl die Farbe als auch die Form) würde niemals seine Feindin sein können.

Diese Barista schaut mich die ganze Zeit an. Wahrscheinlich wird sie mich zum Gehen auffordern, wenn ich nichts bestelle. Sie ist irgendwie attraktiv. Die Haare nicht – die wirken strähnig –, aber ihr Gesicht ist hübsch. Ich sollte besser was bestellen.

Ihre Scheidung war erstaunlich freundschaftlich abgelaufen. John meinte sogar oft zu seinen Eltern: »Rebecca und ich sind jetzt besser befreundet als während unserer Ehe!« Außerdem freute sich John schon auf den Tag, an dem er und Rebecca gemeinsam mit ihren neuen Partnern auf jene Ehe zurückblicken und sie wie vernünftige Erwachsene in positivem Licht sehen würden.

Vielleicht bestell ich einfach so ein Stück Kürbiskuchen. Dann kann ich hier sitzen bleiben, ohne die ganze Prozedur des Kaffeebestellens auf mich zu nehmen: bestellen und meinen Namen sagen und mich wie ein Arschloch fühlen, während er zubereitet wird.

Aber wenn John ehrlich war, wurde es an den Wochenenden tatsächlich einsam im Haus. Rebeccas Eltern waren so großzügig gewesen, John das Haus zu überlassen, obwohl sie es bezahlt hatten. John bemühte sich immer noch um Erfolg mit seinen Kurzgeschichten – ich meine, mit seinen *Gemälden* –, und Rebecca und ihre Familie hatten ihn dabei stets unterstützt, selbst während der Trennung.

Vielleicht schaut mich die Barista an, weil sie mich attraktiv findet. Ich hab mein blaues Hemd an. Dann hat sie eben strähnige Haare, na und? Wer bin ich, mich über strähnige Haare zu beschweren? Für wen halte ich mich eigentlich? Cary Grant?

Und jetzt arbeitete John als Aushilfskraft in der Anwaltskanzlei Fleurstein & Kaplowitz, um wieder auf die Füße zu kommen. Er hatte einen gut ausgearbeiteten Sechsmonatsplan: Er würde sparen, um das Haus bei Rebeccas Eltern abzuzahlen, und er würde sich ein bisschen Zeit fürs Schreiben – *fürs Malen!* – nehmen. In ein paar Monaten wäre alles wieder im Lot, wahrscheinlich wäre er sogar mit jemand anderem verlobt. Womöglich sogar mit dieser Barista. Ja, paradoxerweise gab ihm die Zeitarbeit die Stabilität, nach der er sich so sehnte.

Ist das ein Scheiß. Kompletter Scheiß.

Doch in Augenblicken tiefer Selbstreflexion hasste John seine Arbeit. Wem wollte er etwas vormachen? Es war Zeitarbeit. Kein Mensch hat solche Aushilfstätigkeiten jemals gemocht. Der Job verstärkte sein Gefühl der Instabilität, bestätigte seine zynische Sicht des Arbeitsmarktes und hinderte ihn an der einzigen Beschäftigung, die ihm jemals Spaß gemacht hatte, nämlich dem Schreiben von Kurzgeschichten – ich meine *dem Malen! Malen!* John *malte* gern!

Ich glaub, ich muss pinkeln.

Und John war ein großartiger Maler.

Jeder einzelne Mensch in der Toilettenschlange sieht obdachlos aus. Vielleicht schaff ich es, drinnen nichts anzufassen. Ich werd den Klodeckel einfach mit dem Schuh hochheben.

John grübelte oft, wieso sein ehemaliger Studienkollege Steve Bowman derart erfolgreich war, während er in einem Aushilfsjob feststeckte und vergeblich versuchte, bei Rebeccas passiv-aggressiven Eltern ein Haus abzuzahlen, das er gar nicht gekauft haben wollte. Und dabei war Steve Bowman ein talentloser Dilettant, der John gegenüber zugegeben hatte, dass er nur schrieb – *malte!* –, um »Frauen einzufangen«. Er sagte tatsächlich »Frauen einfangen«. Aber Rebecca findet ihn »interessant« und glaubt, sie könnten »ein wahrhaftig gemeinsames Leben führen«. Ich hoffe, sie sterben beide an Krebs. Und was war das zwischen Rebecca und John gewesen? War das etwa nicht »wahrhaftig«? Vielleicht wäre ihre Beziehung »wahrhaftiger« gewesen, wenn Rebeccas Eltern John ein wenig Luft zum Atmen gegönnt hätten, anstatt ihm ihre heuchlerischen »christlichen« Werte aufzudrängen. Viel Glück, Steve Bowman. Ich hoffe, dir gefällt eine Schwiegermutter ohne jedes Gefühl für Grenzen.

Ich glaub, ich bestell noch einen Latte. Diese Barista ist so sexy. Ich würde ihr zu gern an den strähnigen Haaren ziehen, während wir Sex auf dem Fußboden haben.

John ging oft mitten in der Nacht zu Rebeccas und Steves neuem Haus und starrte in ihr Fenster.

Wahrscheinlich hat sie ein Tattoo auf dem Rücken. So richtig nuttig.

John hoffte insgeheim, dass Rebecca und Steve sich stritten. Er stellte sich vor, wie er ihre Silhouetten durchs Fenster sieht, wie Rebecca mit dem Telefon nach Steve wirft und er sich wegduckt, aber trotzdem am Kopf getroffen wird. Diese Vorstellung erregte John.

Dann sage ich etwas ganz Cooles wie: »Hier drin ist nicht bloß der Kaffee heiß.« Und sie wird dann wahrscheinlich antworten: »Ich hab um sieben Schluss.« Und ich dann wahrscheinlich so: »Ich hab keinen richtigen Job, mir passt es also immer.« Herrgott, wen versuche ich zu verarschen? Ich bin ein Loser. Nie im Leben würde ich ihr gefallen. Nicht mal einer Barista mit strähnigen Haaren und Rückentattoo würde ich gefallen.

Aber natürlich sah John nie irgendwas durch Steves und Rebeccas Fenster. Er überlegte, ob er in eine Glasflasche urinieren und sie ihnen durchs Fenster schmeißen sollte, aber nicht einmal dazu brachte er den Mut auf. Er war ein Loser, der nicht mal minderschweren Vandalismus fertigbrachte. Er war ein dämlicher, bescheuerter, dämlicher, dämlicher Schriftsteller – *Maler!* –, der sich nicht mal ein Arbeitszimmer leisten konnte, weshalb er im Starbucks schrieb – *malte!* –, weil er bei Fleurstein & Kaplowitz rausgeflogen war, nachdem er seine Kurzgeschichten – *Gemälde!* – in der Kanzlei kopiert hatte, als er eigentlich für diese korrupten Winkeladvokaten Akten vervielfältigen sollte. Und Rebecca würde niemals zu ihm zurückkehren, und niemand würde ihn je wieder lieben, und er würde fett und glatzköpfig und einsam und elend in dem hässlichen Haus sterben, das ihm seine Schwiegereltern gekauft hatten, um ihm die Luft abzuschnüren und ihn umzubringen.

Vielleicht bestell ich einen Tee. Ich mag den mit Hibiskusgeschmack. Der ist süß, aber nicht zu süß. Schmeckt angenehm. Hat ein schönes Aroma.

Und vielleicht nehm ich tatsächlich ein Stück von diesem Kürbiskuchen. Ich glaub, den hab ich schon mal gegessen. Ich bin ganz sicher, dass es mir geschmeckt hat. Ich glaub, den gibt es nur zur Kürbiszeit. Hab ich schon eine Weile nicht gesehen.

Ich werde etwas essen und trinken und dann weiterarbeiten. Läuft doch gerade ganz gut. Bin nur schwer reingekommen, aber jetzt läuft's wirklich gut. Komisch, wie mir das manchmal passiert – da denke ich, ich kann überhaupt nicht schreiben, und dann packt es mich plötzlich, und ich kann gar nicht mehr aufhören. Ich glaube, ich bin zu streng mit mir. Ich bestrafe mich selbst, ohne einen Grund dafür zu haben. Aber jetzt komm ich langsam in Tritt, denk ich. Ich bestell einfach diesen Tee. Diesen schönen Hibiskustee.

Und dann zurück an die Arbeit.

SPRÄCHE ICH FLÜSSIG …

Französisch

Franzose im Zugabteil: Mensch, dieser Amerikaner sieht aber dumm aus.

Zweiter Franzose im Zugabteil: Ja, Amerikaner sind alle dumm, sowohl vom Aussehen her als auch im Kopf.

Franzose: Zum Glück versteht er nicht, was wir sagen, weil er garantiert nur Englisch spricht.

Zweiter Franzose: Davon können wir wohl ausgehen.

Franzose: Ja, Amerikaner sprechen ausschließlich Englisch. Das weiß ich ganz sicher. Das ist Tatsache.

Zweiter Franzose: Dann beleidigen wir ihn einfach weiter, direkt vor seiner dummen amerikanischen Nase.

Franzose: Ja, das macht echt Spaß, weil man sich einerseits sicher fühlt, er spricht ja schließlich kein Französisch, andererseits kommt es einem gefährlich vor, weil er uns so nah ist.

Ich: Tatsächlich spreche ich fließend Französisch und verstehe genau, was Sie über mich reden.

Zweiter Franzose *errötend:* Oh, du meine Güte.

Ich: Und obwohl Sie mich zu beleidigen glauben, werden Sie letztlich die Last der Scham zu tragen haben, denn Ihre herablassenden Unterstellungen und Ihr fehlgeleiteter Sprachstolz werden sich nicht nur als Schandfleck für Sie persönlich, sondern für Ihre Nation im Ganzen erweisen.

Franzose: Er hat Recht. Jetzt bin ich peinlich berührt.

Zweiter Franzose: Ja, er hat uns ganz persönlich und der französischen Nation im Allgemeinen gezeigt, dass wir nicht nur arrogant, sondern auch noch dumm sind.

Hindi

Kellner im indischen Restaurant: Hallo, Sir, willkommen in einem authentischen indischen Restaurant. Haben Sie irgendwelche Fragen zur Speisekarte?

Ich: Ja. Wieso wird mir von all Ihren Speisen unweigerlich schlecht?

Kellner: Weil wir unseren amerikanischen Gästen immer die Speisen mit den seltsamen Gewürzen servieren, von denen man Durchfall bekommt.

Ich: Oh.

Kellner: Ja, das ist in allen indischen Restaurants die übliche Vorgehensweise.

Ich: Und was servieren Sie Ihren indischen Gästen?

KELLNER: Denen geben wir besseres indisches Essen, von dem man keinen Durchfall kriegt.

ICH: Könnten Sie mir nicht auch das bessere geben?

KELLNER: Ja, natürlich, Sir. Da Sie mich in meiner Sprache gefragt haben, fällt es mir leichter, Ihnen den Gefallen zu tun.

ICH: Vielen Dank.

KELLNER: Bitte erzählen Sie Ihren amerikanischen Freunden nichts von der Möglichkeit, indisches Essen zu bekommen, von dem sie keinen Durchfall kriegen.

ICH: Natürlich nicht. Das bleibt unser kleines Geheimnis.

Portugiesisch

BRASILIANISCHER POLITISCH MOTIVIERTER VERBRECHER: Hey, amerikanischer Tourist! Ich werde Sie jetzt kidnappen, um Lösegeld und politische Zugeständnisse zu erzwingen.

ICH: Nein, tun Sie das bitte nicht.

VERBRECHER: Moment mal. Sie sprechen Portugiesisch?

ICH: Ja. Fließend.

VERBRECHER: Wow. Wo haben Sie das denn gelernt?

ICH: In einer Schule in New York, die vor allem Diplomaten und andere kulturoffene Menschen unterrichtet.

VERBRECHER: Sie meinen im Learning Annex?

ICH: Ja, genau.

VERBRECHER: Meinen Sie die Filiale an der 103rd Street?

ICH: Ja. Woher kennen Sie die?

VERBRECHER: Das ist eine der beliebtesten Institutionen in der Upper West Side, wo man meine Sprache lernen kann. Es wäre absolut peinlich, wenn ich die nicht kennen würde.

ICH: Da ist was dran.

VERBRECHER: Ich lebe ja nicht hinterm Mond.

ICH: Natürlich nicht. Bitte entschuldigen Sie. Wollen Sie mich immer noch entführen?

VERBRECHER: Nein, Sie sind jetzt mein Freund und können daher gehen, wohin Sie wollen.

ICH: War mir ein Vergnügen, Sie kennenzulernen.

VERBRECHER: Ganz meinerseits. Weiterhin alles Gute auf Ihrer Studienreise.

ICH: Und Ihnen alles Gute für Ihren politischen Kampf.

Aramäisch

JESUS CHRISTUS: Entschuldige, Heide.

ICH: Jesus? Was machst du denn in New York? Bist du wegen der Wiederkunft hier?

JESUS: Nein, nein, ich wollte bloß mal diesen neuen Laden namens Shake Shack ausprobieren, von dem alle Welt redet.

ICH: Ah ja. Die Burger da sind ganz anständig.

JESUS: Aber ich habe gehört, die Warteschlange ist meist der Wahnsinn.

ICH: Sie ist lang, aber sie bewegt sich.

JESUS: Meinst du, du könntest mitkommen und dich mit mir anstellen? Ich bin ein bisschen einsam.

ICH: *Du* bist einsam? Ich hätte gedacht, du hast ungefähr eine Milliarde Freunde.

JESUS: Ja, hätte ich auch gedacht. Aber hier versteht kein

Mensch Aramäisch, außer diesem einen Theologieprofessor von der Columbia, der ein bisschen unheimlich ist. Er hat mir ständig total persönliche Fragen über meine Mutter gestellt.

ICH: Abgefahren.

JESUS: Fand ich auch! Ich dachte so: »Stalker!« Und dann wollte er wissen, ob das Turiner Grabtuch echt ist, und ich so: »Kümmere dich um deinen Kram.«

ICH: Ich weiß nicht mal, was das Turiner Grabtuch ist.

JESUS: Darum ist es ja auch so *erfrischend*, mit dir abzuhängen. Hey, was hältst du davon, mein neuer Freund zu sein?

ICH: Fänd ich cool. Mein Freund Jeff ist gerade zum Promovieren nach Boulder gezogen, ich hab also sozusagen eine Stelle frei.

JESUS: Super. Und da wir jetzt Kumpel sind, ist dir ein Plätzchen im Himmel garantiert.

ICH: Echt jetzt? Auch wenn ich im Leben was Schlimmes anstelle?

JESUS: Klar. Da du meine Sprache sprichst, wirst du auf jeden Fall in den Himmel kommen.

MEIN SPAM ZIERT SICH

An: Mich
Von Alexxxa
Betreff: Ich vermisse dich, Baby

Hey, Baby,
wo bist du? Ich vermisse das Chatten mit dir! Ich sitze hier die ganze Zeit allein und nackt vor meiner Webcam rum und warte auf dich.

Ich warte jetzt schon so lange, dass ich mit dem Sticken angefangen habe, und das ist der Wahnsinn! Es ist meditativ *und* kreativ zugleich. Und ich habe schon beinah meinen ersten Pullover fertig bestickt. Wenn du dich jetzt also einloggst, bin ich womöglich gerade total mit einem Langettenstich beschäftigt. Tut mir leid, wenn ich dich dann warten lassen muss, Süßer!

Mir wird ganz heiß, wenn ich nur an dich denke!

Um mich abzukühlen, habe ich mal wieder angefangen, Chaucer zu lesen! Wow! Was für eine Wiederentdeckung! So vielschichtig. Und gleichzeitig so trügerisch witzig! Kann's kaum erwarten, dich zu sehen, Schätzchen! Aber wenn du dich heute Abend einloggst, bin ich womöglich gerade nach Canterbury unterwegs!

Sollte ich tatsächlich beschäftigt sein, kannst du natürlich mit einer meiner Kolleginnen chatten, zum Beispiel mit Trixxxie oder Roxxxana. Die sind super! Ich würde nur zu gern richtig schmutzige Sachen mit dir treiben, aber ich kann total verstehen, wenn du mal mit ein paar neuen Chicks abhängen willst. Ich stehe sowieso nicht unbedingt auf monogame Webcam-Beziehungen. Ich habe große Träume! Ich möchte mit Perversen aus Paris chatten! Und sogar aus Afrika! Vielleicht ein Instrument spielen lernen, abgesehen von meinen üblichen …

Also ruf mich an!

Oder lass es!

Eins von beiden.

<3 Alexxxa <3

An: Mich
Von Mr. Jeffrey Obassanjo
Betreff: Dringende Antwort notwendig

Sehr geehrte Dame, sehr geehrter Herr,
schweren Herzens muss ich Ihnen mitteilen, dass mein Onkel verstorben ist, ein reicher Prinz aus Nigeria. Nach seinem Dahinscheiden fanden wir heraus, dass er sich im Besitz von unfassbaren 48 MILLIONEN US-$ befindet.

Leider ist es für die Freigabe dieses Geldes notwendig, dass es auf ein Konto in den USA überwiesen wird.

Als Gegenleistung für den Zugang zu einem US-Konto wären wir gern bereit, den Empfänger der Überweisung mit 10 Prozent der fraglichen Summe (4,8 MILLIONEN US-$) zu beteiligen.

Wir haben SIE als Empfänger ausgewählt.

Wir überlegen allerdings auch, ob Ihr Nachbar Larry Stanowitz in Frage kommt. Wir wissen, dass Sie glauben, Larry habe schon genug Geld, weil er ständig mit seinem neuen Peugeot und Einkaufstaschen von Balducci's angibt, aber wir verteilen ja keine Almosen. Wir brauchen bloß ein Konto.

Sollte Larry das Geld auch nicht annehmen können, käme noch Ihre Kollegin Sheila Drucker in Frage. Sie ist zwar die größte Arschkriecherin im Unternehmen und ihre direkte Konkurrentin um den Posten der stellvertretenden Geschäftsleitung, doch wir halten sie für eine geeignete Anwärterin auf diese finanzielle Gabe. Noch einmal: Wir suchen nicht nach vorbildlichen Staatsbürgern. Sondern nur nach einem Konto.

Bitte antworten Sie uns, sobald es Ihnen möglich ist.

Wenn Sie nicht antworten, werden wir uns eben an Larry oder Sheila wenden. Die scheinen auch ganz cool zu sein.

Mit freundlichen Grüßen
Mr. Obassanjo

An: Mich
Von: GmailAlertz
Betreff: Bitte Gmail-Passwort bestätigen!

Lieber Account-Inhaber,
Ihr Gmail-Account benötigt die Bestätigung Ihres Passworts. Sollten Sie auf diese Mail nicht innerhalb von vierundzwanzig Stunden mit Ihrem Passwort antworten, könnte Ihr Mail-Account blockiert werden.

Was womöglich gar nicht so schlimm wäre.

Ich meine, müssen Sie tatsächlich derart häufig Ihre Mails checken? Ihr unablässiges Abrufen hat ja bereits psychotische Züge angenommen. Es hat Ihre Beziehungen untergraben und Ihre langsame, aber durchaus substanzielle Fähigkeit zum kritischen Denken lahmgelegt.

Diese Liebesaffäre mit der Kommunikation ist längst zu einer Sucht geworden, zu einer Fixierung, bei der die Gesellschaft im Ganzen – nicht bloß Sie – zugleich Opfer und Täter ist. Ob es sich dabei nun um das konstante

Trommelfeuer Ihrer Mutter mit Bildern aus ihrem Leseclub handelt (dabei heißt es Leseclub und nicht Fotos-von-allem-was-man-beim-Leseclub-isst-Club) oder die passiv-aggressiven »Updates« Ihrer Freunde mit Kindern, in denen sie Ihnen erzählen, wie glücklich sie sind und wie viel leichter als erwartet das Elterndasein ist – wir haben es hier mit einem Drachen zu tun, den Sie immer nur jagen und niemals erlegen werden.

Ihr Gmail-Account ist auch nur ein Gefängnis, das Sie sich selbst errichtet haben, ein Panoptikum der Verzweiflung, das Sie mit Wärtern der Verzweiflung umgibt.

Sie könnten auf diese Mail also mit Ihrem Passwort antworten, doch das würde diesen gefährlichen Kreislauf wohl unendlich fortsetzen.

Vielleicht ist es am besten, wenn Sie eine Weile den Ball flachhalten. Gehen Sie nach draußen, freuen Sie sich an der Natur. Machen Sie einen Spaziergang. Reden Sie mit Fremden.

Entschuldigen Sie die Störung.

Gmail

HANDHABBARE ZUNGENBRECHER

Fritz, der Sohn des Fischers, hat gerade eben erst diese Fische gefangen.
Diese Fische hat der Sohn des Fischers, nämlich Fritz, gerade eben erst gefangen.

Rotkohl ist immer Rotkohl, und ein Hochzeitskleid ist immer nur ein Hochzeitskleid.

Wenn Stubenfliegen andere Stubenfliegen verfolgen, dann folgen Stubenfliegen anderen Stubenfliegen.

Im undurchdringlichen Gebüsch aus Nadelbäumen neigen sich kräftige Nadelbäume.

Man weiß nicht, ob der Mann den Weg über Oberammergau oder den Weg über Unterammergau wählen oder ob er womöglich gar nicht eintreffen wird.

Der Fahrer der Postkutsche aus Cottbus säubert den Laderaum seines Gefährts. Den Laderaum seines Gefährts säubert der Fahrer der Postkutsche aus Cottbus.

Im Glas für Whisky-Mischgetränke rührt der Barkeeper die Mischgetränke aus Whisky an.

Zehn Nutztiere mit Hörnern schleiften eine Tonne Süßstoff zum Tierpark.

Zwanzig Kleinwüchsige balancieren auf den Händen – die eine Hälfte im Wandschrank, die andere am sandigen Meeresufer.

Zwischen den beiden Zweigen eines Steinobstbaumes tirilierten zwei sangesfreudige Schwalben.

UNSERE ZEIT REICHT GERADE NOCH FÜR EINEN ...

Vielen Dank! Ihr wart ein großartiges Publikum! Buffalo ist wirklich eine meiner Lieblingsstädte. Wir spielen immer so gern hier, und das auf der besten Bühne der Stadt, im Rotting Tree! Leider reicht unsere Zeit gerade noch für einen Song.

Ich wünschte, wir könnten noch bleiben und die ganze Nacht mit euch rocken, aber aus einer ganzen Reihe von Gründen haben wir nur noch Zeit für einen Song.

Unser Bassist Steve Barron hat zwei kleine Kinder, darum kann er nicht so lange wegbleiben. Ich weiß schon, was ihr denkt: »Steve hat zwei Kinder? Als ihr letztes Jahr hier im Tree gespielt habt, hatte er kein einziges.« Tja, er hat Zwillinge bekommen. Gleich beim ersten Versuch hat er zwei angesetzt. Wenn das keine Feuertaufe ist – Der Mann ist fruchtbar.

Und unser Geigenspieler Mark Platt hat eine Blase am Daumen, die ist – kein Scherz jetzt – so groß wie ein Golfball. Jeder Ton auf seiner Geige bereitet ihm echte Höllenqualen. Auch ein Grund, wieso wir bloß noch einen spielen können.

Dan Simmons, unser Schlagzeuger, kennt einfach nicht mehr von unseren Songs. Unser früherer Schlagzeuger Sammy Marber hat die Band wegen »kreativer Differenzen« verlassen (will sagen, er ist ein egomanischer Psychopath, der die Finger nicht vom Kokain lassen kann), und Dan hatte keine Lust, sich unser Gesamtwerk draufzuschaffen. Wenn wir also noch mehr Stücke spielen wollten, ginge das quasi nur ohne Schlagzeug.

Was mich angeht, könnten wir liebend gern die ganze Nacht lang spielen. Ich hab sonst nichts zu tun. Ich hab irgendwie mein ganzes Leben für die Band aufgegeben. Ich schreibe die Songs, ich bin der Leadsänger, die Band heißt »Peter Jaworski & His Band«, und ich bin Peter Jaworski. Ich habe mich wirklich bemüht, ein erfülltes Leben zu führen, aber wenn ich ehrlich bin, macht es einen einsam. Niemand wartet auf mich, wenn ich nach Hause komme. Ich esse Fertiggerichte vorm Fernseher. Jede Menge Netflix. Kein bisschen glamourös. Mein Leben hat sich so sehr eingeschränkt, dass ich gar keine neuen Erfahrungen mehr mache, über die ich schreiben könnte. Darum habt ihr heute Abend auch drei Lieder darüber gehört, wie schnell mein Honda Accord ist. Die ersten beiden waren ja noch halbwegs interessant, aber das letzte war echt abgedroschen. Ist mir schon klar.

Egal, und wir haben auch deshalb nur noch Zeit für einen Song, weil unsere Tontechnikerin Jojo spielsüchtig ist und offenbar unbedingt mit ihrem Buchmacher skypen muss. Ich finde das ja alles unverantwortlich, aber die Sache ist die: Sie mischt unseren Sound ziemlich gut, und wir zahlen einfach nicht genug, um jemand Besseren anheuern zu können.

Und dann ist da noch die Gewerkschaftsfrage. Hört mal, ich bin genauso für Gewerkschaften wie alle anderen. Meine Eltern waren Lehrer! Aber wenn wir auch nur eine Minute nach elf noch auf der Bühne stehen, kriegen alle den anderthalbfachen Tarif, und das geht von meiner Gage ab.

Und Pinkie hier am Tamburin hat tatsächlich noch ein Date. Ist das zu fassen? Guckt ihn euch an: dieser fusselige Bart, und gerade mal eins fünfzig, aber aus irgendeinem schwer nachvollziehbaren Grund stehen die Frauen anscheinend auf ihn.

Außerdem habe ich das Gefühl, dass einige der Roadies Peter Jaworski & His Band nicht ganz so gern mögen wie ich. Ich habe Dwayne Beemer gefragt, wie er eine Zeile findet, an der ich letzte Woche gesessen habe – »Deine Liebe ist wie Sandpapier in meinen Adern« –, und da hat er mich angeguckt, als wäre ich der dümmste Mensch der Welt. Jetzt werde ich immer seinen abschätzigen Blick vor mir sehen, wenn wir *Sandpaper Blood* spielen. Ich kann verstehen, dass er nicht vor Freude Saltos schlägt – schließlich schleppt er bloß Verstärker rum für eine drittklassige Emo-Grunge-Band am südlichen Rand der Großen Seen –, aber ein bisschen mehr Taktgefühl an den Tag legen könnte er trotzdem. Auch ich habe Gefühle, Dwayne Beemer.

Und wir haben deshalb bloß noch Zeit für einen Song, weil Teddy Faour im Chophouse reserviert hat, weil Aliya Colemans WLAN-Zugang nur noch bis Mitternacht gültig ist, weil Shepherd Brennan sich unbedingt die Haare waschen muss und weil Rory Thompson Sodbrennen hat.

Das waren also einige der Gründe, wieso wir nur noch Zeit für einen Song haben.

Darum spielen wir jetzt ohne langes Brimborium unseren letzten Song. Meine Damen und Herren: *Matte Black Honda!*

DANKSAGUNGEN

Danke an meine wunderbaren Lektoren Peter Blackstock bei Grove, Susan Morrison beim *New Yorker* und Chris Monks bei *McSweeney's*, weil sie mich ermuntert haben, jeweils auf Folgendes Wert zu legen: Kürze, Reife, und nicht jede Geschichte von einem 9-Jährigen qualvoll und erschütternd zu machen. Dank auch an Judy Hottensen, Deb Seager und Morgan Entrekin von Grove, David Remnick und Emma Allen vom *New Yorker* sowie Dave Eggers von *McSweeney's* für ihre außergewöhnlichen Verlagshäuser und für die Ehre, dazugehören zu dürfen. Dank an meine unermüdlichen Agenten Simon Green, Michael Kives, Craig Gering und Olivier Sultan, die dafür sorgen, dass mehr Leute als die hier erwähnten die Geschichten auf den anderen Seiten lesen. Danke an Jean Jullien, der ohne Worte witziger ist als die meisten Menschen mit. Dank auch an Lee Gabay, Jim Beggarly, Anna Strout, Gabe Millman, Brian Westmoreland und Mia Wasikowska. Und schließlich Dank an meine mich stets unterstützende Familie, die anscheinend nie von ihrem Vetorecht Gebrauch macht, selbst wenn der Witz auf ihre Kosten geht.